青羊家长读本

Qingyang Jiazhang Duben

成都市青羊区教育局　编著

四川民族出版社

图书在版编目（CIP）数据

青羊家长读本 / 成都市青羊区教育局编著. — 成都:
四川民族出版社, 2020.8（2021.9 重印）
ISBN 978-7-5409-9236-1

Ⅰ. ①青… Ⅱ. ①成… Ⅲ. ①家庭教育－家长学校－
教材 Ⅳ. ①G78

中国版本图书馆CIP数据核字(2020)第154944号

青羊家长读本

QINGYANG JIAZHANG DUBEN

成都市青羊区教育局　编著

出 版 人	泽仁扎西
责任编辑	李　霞
责任校对	姜　颖
责任印制	温祥宇
出版发行	四川民族出版社 （成都市青羊区敬业路108号）
邮政编码	610091
成品尺寸	170mm×240mm
印　　张	12
字　　数	240千
印　　刷	永清县晔盛亚胶印有限公司
版　　次	2020年8月第1版
印　　次	2021年9月第2次印刷
书　　号	ISBN 978-7-5409-9236-1
定　　价	38.00元

《青羊家长读本》编委会

前言

青羊区全面贯彻落实习近平总书记关于“办好教育事业，家庭、学校、政府、社会都有责任”和“注重家庭、注重家教、注重家风”的重要讲话精神，积极探索“家庭—学校—社会”协同育人的教育共生体，构建全域统筹推进家庭教育的新模式。

孩子是祖国的未来，是民族复兴的希望，要把孩子培养成社会主义事业的建设者和接班人，离不开学校教育、家庭教育和社会教育，在这三大教育中，家庭教育是奠基的教育，也是终身的教育。作为孩子的第一任老师和终身老师，父母要担负起教育孩子成人成才的重任，就必须不断提升培养教育孩子的能力和素养。青羊区自2016年全域推进家庭教育工作以来，开展普识性的家庭教育公益讲座1 000余场，参培家长达20余万人。同时，开展个性化咨询服务，有效帮助家长解决在家庭教育中遇到的棘手问题，在《新青羊》开辟专栏“青羊家长帮”，通过“家长提问—专家答疑”的方式，帮助广大家长解决家庭教育中的难题；通过新媒体“青羊家庭教育”微信公众号，方便快捷地向家长传播家庭教育的科学理念。

为了把家庭教育的科学理念和方法传播到千家万户，让更多的家庭受益，我们精心编写了这本《青羊家长读本》，内容按学龄段划分为“幼儿篇”“小学篇”和“中学篇”，每个板块由“案例故事”“案例分析”和“专家建议”三个部分组成，帮助家长解决家庭教育中的难题，提升家长的家庭教育能力。

“家是最小国，国是千万家。”希望广大读者能够从案例中汲取有益的养分，最终实现“家长成长，孩子成人，家庭幸福，社会和谐”的美好愿景。

目　录

幼儿篇 >>>

小学篇 >>>

中学篇 >>>

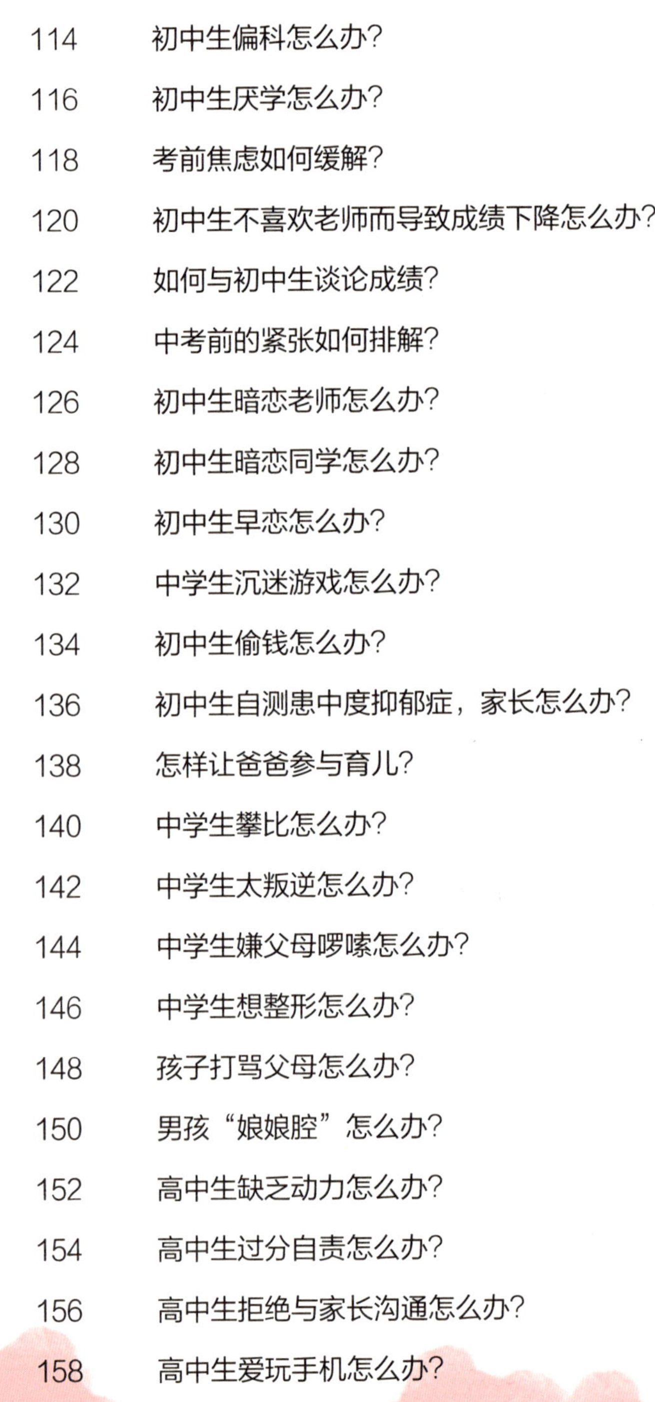

青羊家长读本
QINGYANG JIAZHANG DUBEN
幼儿篇

案例故事

怎样选择幼儿园?

我的孩子这个月满3岁，我打算送他去读私立幼儿园。从去年年底我就开始关注幼儿园的信息，每次出去都会留心幼儿园的招生情况。我考察过小区周边的几家私立幼儿园，也打听了离家比较远但口碑比较好的幼儿园。传统幼儿园、蒙氏幼儿园、国际双语幼儿园等，各种类型的幼儿园，算下来我已经考察了十几家了。最后我留下了3家，十分纠结最终去哪家，觉得我考大学填志愿都没有这么慎重过。选择幼儿园到底什么最重要？

案例分析

距离幼儿园秋季开学不足3个月，还没有给孩子选定幼儿园的家长一定心急如焚。家长的担心和焦虑是可以理解的，幼儿园对于孩子来说确实非常重要，因为这是孩子第一次离开父母进入社会场所，幼儿园老师是孩子的启蒙老师，孩子会在幼儿园经历人生中的很多个第一次。近几年，家长越来越重视幼儿园的挑选，从硬件设施到幼师资历，从教学理念到课程设置，半点儿不敢马虎，生怕一朝选错，后悔终身。

选择幼儿园需要考虑的因素有很多，幼儿园的选择面也很广，但首先家长需要清楚地看到自己的内心：我希望幼儿园做些什么。如果希望孩子在幼儿园得到更细心的照顾，那么班级人数就是首要的考虑因素；如果希望孩子接受双语教育，那么外教是必须考虑的；如果家长希望孩子能学到很多知识，那么幼儿园的课程设置、师资和教材是必须要关注的……有目标，才能快速缩小选择范围。其次，不要因为幼儿园的名气、价格上的优惠或者朋友的人情来选择幼儿园，这样做可能会影响孩子今后三年的生活。

选择幼儿园必须要考虑的因素有：

看距离　幼儿园还是建议离家越近越好，这样方便接送，遇上特殊情况还可以选择步行。最重要的是，孩子年龄小，遇到头疼脑热这些突发情况，也方便家长或者老人及时接回去。

看理念　现在的家长都很善于学习，也对教育孩子有自己的一套理念。在选择幼儿园的时候，可以与幼儿园的园长面谈，看幼儿园的教育理念是否符合自己的要求。家校契合无疑对孩子的成长有利。

看伙食　3—6岁的孩子正处于生长发育的快速时期，而他们的脾胃系统还没有发育健全，所以幼儿园的伙食也是家长们需要重点考察的环节。孩子吃饱吃好，身体才会好，精气神才会好，才能情绪饱满地投入学习、玩耍中。

看老师　只要是正规幼儿园，园内环境和设施是不会太差的。家长应多关注老师。在上学、放学最为忙碌的时候，从旁观察老师们是否细心，是否有耐心，是否有礼貌等。顺便问问在旁等候的家长，从他们口中得知幼儿园最真实的信息。

看孩子　现在很多幼儿园可以参观和体验，家长最好带孩子去体验半天，提前让孩子感受一下氛围。幼儿园好不好从孩子的脸上就能看出来，老师友善、活动丰富、氛围好，孩子自然笑容满面，想着以后还要去。

很多家长都希望在能力范围内给孩子最好的教育。但挑选幼儿园，没有最好，只有最适合。愿家长能尽快筛选出符合自己的育儿理念及孩子个性的幼儿园。

案例故事

孩子“游离”于幼儿园集体活动之外，怎么办？

我家孩子2岁7个月，入园已经半年。从我的观察和老师的反馈来看，她在幼儿园经常处于游离状态，不喜欢互动，不主动参与集体活动，也不爱和小朋友一起玩，基本上就在旁边看，只有唱歌跳舞和室外自由活动时比较积极，玩得很开心。平时在家里时她想怎么玩就怎么玩，我们基本上没限制她，更没有对她提出过高的要求。她每天回家后我都问她在幼儿园开不开心，她总是很高兴地回答说开心。我不知道为什么别的小朋友都很高兴地投入集体活动，她却不能融入其中。我们家长该如何引导呢？

案例分析

每个家长都不希望自己的孩子在同伴或集体当中被孤立，所以，当发现孩子在幼儿园里有很多“游离”行为的时候，家长们会感到疑惑甚至焦虑，非常不理解为什么孩子会有这样的表现，想知道孩子“游离”时到底在想什么。

有些孩子因为情商发展滞后，包括语言表达能力不足、运动能力不足、观察能力不足、关注能力不足等，在集体活动中没有突出的表现，不被老师注意，从而没有获得相应的认可，这可能导致孩子参与集体活动的积极性降低。

有些孩子因为注意力问题“游离”在集体之外。比如规则意识比较薄弱，不愿意听从指令，更喜欢大家按照他的要求去做或者是听从他的指令，在活动中很难坚持，经常容易兴奋、冲动，导致其他小朋友不喜欢和他玩儿，有的甚至还会跟小朋友打架，伤害别人。

有些孩子则因为家庭环境及养育模式有情绪问题，无法融入集体。有的家长对孩子的要求非常严格，忽略孩子的需求或设置很多限制。这样孩子会比较内向、害羞，缺乏尝试的勇气，而且脱离不开家长的陪伴，依赖性非常强；有些孩子经常会不开心、愤怒，很难与其他孩子和谐交往。

专家建议

怎样帮助孩子尽快融入集体，亲近他人呢？

首先，帮助孩子培养能力。显性能力包括语言、逻辑、运动、音乐、观察等多个方面，在这些能力中，语言、音乐、运动等能力是容易被观察、发现、认可的。家长可以发现并培养孩子一到两个显性能力，让孩子在集体活动中能够脱颖而出，得到关注，培养自信。

其次，孩子注意力的发展水平受先天遗传因素和后天环境因素共同影响，即便是同龄的孩子，注意力也存在很大的差异。家长可以从孩子感兴趣的事物入手，有意识、有计划地培养孩子的注意力，要求孩子专注地做一件事，时间可以逐渐拉长。一定要让孩子知道为什么这样做，激发孩子自身做好这件事的愿望，并且主动学习控制注意力以完成任务。

最后，家长可以通过改变家庭养育模式来改变或减少孩子的“游离”行为。家长需要做好自己的情绪管理，保持与孩子之间的有效互动，多给予孩子高质量的陪伴。同时，家长也要创造更多让孩子和其他小朋友共同玩耍的机会，同伴之间进行互动交流能提升孩子参与的意识和主动性，从而让孩子更有信心参与集体活动。

家长对孩子的“游离”行为感到焦虑时，应该第一时间与孩子的老师沟通，家园配合才能为孩子提供更多的帮助。但要注意，有些孩子的“游离”问题是需要专业人士帮助的，家长如果有需要，可以到专业的机构咨询。

案例故事

3岁孩子有分离焦虑怎么办?

都说小孩刚开始上幼儿园会出现分离焦虑，我没想到我家孩子的分离焦虑这么严重。我女儿还不满3周岁，性格比较内向，有点儿敏感，所以我征得幼儿园的同意，陪她上了三天课。我陪着的时候，她表现还好，第四天她知道我要离开，就一百个不愿意，怎么劝也不行，最后我是强行走掉的。听老师说，她哭了整整一天，我心都碎了。现在她入园一周了，每天都是从早上起床哭到下午放学，家里老人都劝我别让孩子读幼儿园了，说再等等看。我实在不甘心就这么放弃，有什么好办法解决吗?

案例分析

入园学习生活是孩子社会性开始的第一步，将影响到孩子走入社会后的信心。从心理上来看，孩子融入得好，就建立了一个好的信心基础。孩子到了一个陌生的环境，心理会随之发生变化。此前若没有一些提醒和训练的话，孩子到了幼儿园会产生陌生感，进而内心变得惶恐。

离开熟悉的人和环境，是孩子分离焦虑的根源。所以，建议家长早做准备，让孩子提前熟悉环境，顺利度过入园第一阶段。但是，家长也要认识到，孩子有分离焦虑很正常，尤其是第一次较长时间的分离，要是一丁点焦虑都没有家长那倒是要担心了。

家长可以通过以下方式来帮助孩子度过入园适应期：在送孩子去幼儿园的路上，可以跟孩子大致描绘一下在幼儿园一天的生活，让孩子在心中对一天的生活有个“预览”，这样可以消除对未知的恐惧，最好详细一点，着重强调在什么时候谁会来接孩子。家长把孩子送到幼儿园，离开时要对孩子说“再见”，也要鼓励孩子对家长说“再见”。这能增强孩子的掌控感，他知道妈妈什么时候离开，而且是他决定和妈妈分离，促进他对自己的行为负责，更有勇气地去面对新环境。有些家长没有正式和孩子告别，他们往往趁孩子刚进幼儿园感到新鲜好奇而四处张望时悄悄离开，以为“长痛不如短痛”，会让孩子更快适应环境。这样做会让孩子对家长和老师失去信任，感觉自己是被合谋骗到幼儿园里的，以后会对上学更加警觉和抗拒。有些孩子会因此造成一定的心理创伤，入园一段时间后还一直哭喊抗拒，持续很长时间都不愿上幼儿园。接到孩子后，家长可以与孩子互动，给孩子积极的心理暗示。比如可以问问孩子“今天遇到什么开心的事情”“有没有和小朋友交朋友”，可以说“幼儿园一定比家里好，有这么多的游戏可以玩”，千万不要问孩子 “有没有人欺负你”“有没有不开心的事”等问题。如果孩子有一些小情绪，家长不要苛责孩子。

案例故事

3岁孩子爱抢别人的玩具怎么办？

我家宝宝马上就要4岁了，他以前很大方，最近变得有点小气。他的玩具，别人碰都不能碰；别人的玩具，只要他看得上眼，就会一句话不说从别人手里抢过来，如果没抢到手，他就会号啕大哭，甚至在地上打滚。因为抢别人玩具这件事，我没少说他。说的时候他都懂，但是下次碰到别人手里拿着他喜欢的玩具，他还是一句招呼也不打，直接抢。我怕孩子会越来越霸道，有什么办法解决吗？

案例分析

3岁多的孩子抢玩具是非常正常的，这是孩子交往的一种方式，是孩子已经成长、脱离婴儿期的标记。一般，孩子到了2岁左右，自我意识就会开始萌芽。伴随自我意识的发展，孩子的主权意识开始体现，看见喜欢的东西，他们就想据为己有。但由于年龄较小，他们的表达能力不足，当他们想要得到这些物品时，就会通过“抢”的方式来获取。

这个阶段的孩子“抢”玩具，家长不必焦虑，“抢”玩具有利于孩子社交能力的发展和心智的健康。在这个阶段，家长需要帮助孩子学会与他人分享。在平时的生活中，家长不要过度以孩子为中心，要建立平等对待的环境，在家中形成分享的习惯，不让孩子“搞特殊”；让孩子知道什么是所有权，自己的东西就是自己的东西，可以给别人，也可以不给别人；要尊重孩子，用孩子的东西时征求孩子的同意，而且有借有还。

专家建议

当孩子“抢”别人东西的时候，家长可以转移孩子的注意力：在孩子“抢”玩具的时候“插一脚”，拿出孩子爱吃的东西或者一个更加有趣的玩具，打断孩子之间的直接对抗。对于稍大的孩子来说，光是转移注意力显然是不够的，这个时候家长就需要跟孩子讲道理，要告诉孩子“这不是你的玩具，是别人的，你不能随便拿别人的玩具”，并要求孩子把抢到的玩具还回去，同时需要耐心引导孩子给他人赔礼道歉。对攻击性和占有欲较强的孩子，大人需要给予适当的惩罚，可以减少孩子的零花钱，或要求孩子反省等，惩罚的具体方式根据自家情况而定。

当然，与其事情发生后采取措施补救，不如事先做一些预案，避免争抢玩具的情况发生：家长可以在带孩子去别人家做客时，带上孩子最喜欢的玩具，关键时候能起到很大作用；不要强迫孩子与别人分享玩具，或者当众批评他小气；孩子的玩具被抢走，而且别人不归还时，家长要帮孩子把玩具要回来；孩子抢了别人的玩具拒绝归还的话，家长要马上拿过来，还给人家，不管孩子是不是哭闹。对4岁以后依旧抢夺玩具的孩子，家长一定要多加注意，因为这说明孩子的自我中心感强，也没有学会与人沟通和交往，成长滞后了，需要家长介入教育。

案例故事

4岁孩子不愿去幼儿园怎么办?

开学第一周简直让我头大，原因就是孩子又不愿意去幼儿园了。我家儿子刚满4周岁，是去年9月入园的。入园时他的分离焦虑就比较严重，持续了大半个月，后来他偶尔也有不愿意去幼儿园的时候，但大多数时间还比较顺利。结果，一个寒假过完，又回到了刚入园时的情况。我每天早上连拖带拽才能把他送到幼儿园，在幼儿园门口还得安抚他很久，他基本都是哭闹着被我“递”给老师的。他一直这样，我上班时心情也不好。难道还要重新适应一次幼儿园的生活吗？我应该怎么做呢？

案例分析

每学期开学，对于幼儿园教师来说既是喜悦又是挑战，喜悦的是看到孩子成长了，挑战的是孩子尤其是去年新入园的要快速地适应幼儿园的集体生活。对于家长而言，亦是如此。

孩子长假后入园哭闹是正常现象，正如家长长假过后也要调整心态才能重返工作。只要父母调整好自己的心态，接纳孩子在这个关键时期的不良情绪，了解这种情绪产生的原因，积极地帮助孩子转化恐惧与压力，相信孩子一定会顺利地过渡。

当孩子哭闹着不想上幼儿园时，家长一定要读懂孩子行为背后的原因，从而“对症下药”，切记不要直接拒绝孩子的要求。

孩子说“我不喜欢幼儿园”时，其实是在说“我在幼儿园过得不开心”。尤其是小班的孩子，因为幼儿园里没有熟悉的爸爸妈妈和小玩伴，他会感到焦虑和没有安全感。家长应该给予孩子理解和同情，想办法帮孩子慢慢适应。现在网络这么发达，家长完全可以利用手机给孩子一个“仪式感”，比如对孩子说：“只有大孩子才可以上幼儿园，来，我们拍视频给爷爷奶奶看看，你上幼儿园多开心！”

孩子说“帮我穿衣服”时，其实是在说“你们是真的爱我吗”。有些孩子虽然不哭闹，但会以实际行动表达“我不想去幼儿园”。他们干什么都磨磨蹭蹭，本已可以自理的孩子却不断地说“妈妈帮我穿衣服”“爸爸帮我穿鞋子”。这个时候，家长最好不要严厉地拒绝孩子，甚至斥责孩子。孩子已经“退了一步”答应去幼儿园，如果家长在孩子提出其他要求时再一次否定孩子，会增强孩子内心的抗拒。家长应适时满足孩子的需求，先解决上幼儿园的问题，下一次再解决穿衣服的问题。

孩子说“我不想离开妈妈”时，其实是在说“你是不是不要我了”。孩子在幼儿园门口哭闹，不愿与家长分离，家长可能会因为烦躁失去理智，撂下狠话威胁孩子走进去，或者骗孩子“去去就回”，然后“一去不回头”，这些都是不可取的做法。家长最好坚定且温柔地告诉孩子“再见，放学时我会准时来接你”，让孩子相信分开后还会相聚。

总之，家长鼓励孩子上幼儿园千万不能用“蛮力”，要用“柔力”，要透过现象看本质，读懂孩子内心真正的想法。

案例故事

女儿在幼儿园被小男孩亲了怎么办？

我的女儿今年3岁半，刚刚读幼儿园小班。第一天放学回家后，女儿委屈地说，她在幼儿园被小朋友亲了一口，还是小男生。我听了虽然很生气，但还是忍了。哪知，接下来的好几天，女儿都说被同一个小朋友亲了，亲额头，亲脸蛋，有时还亲嘴巴。这我可忍不了了，找了对方的家长理论，对方家长却不以为然。我也找了老师，老师只说会观察劝阻。平时我们教过女儿要保护自己，但看来还不够。我应该怎么教育女儿学会拒绝、保护自己呢？

案例分析

新的学年，又有一大波可爱的小朋友进入了幼儿园。许多新手家长都遇到过同样的困惑，读幼儿园的孩子被其他小朋友亲了，有时候还不止亲一口，这可怎么办呢？家长们不免疑惑，这么小的年纪就已经有了“喜欢”的概念吗？甚至有的小朋友会直接说自己在幼儿园有了“男朋友”或“女朋友”，这究竟是怎么回事？

幼儿园是孩子初入社会的地方，是一个小型的集体，孩子会和很多小朋友相处，小朋友表达情感的方式各不相同。但总的来说，这个阶段的小朋友表达感情的方式很单纯也很直接，喜欢就拥抱或亲吻，不喜欢就追打或吵架。在成人的世界里，这些行为背后不再是单纯的意义，尤其在面对小朋友们的亲吻行为时，家长会不由自主地紧张。但实际上，小朋友的这种行为并没有更深层的意思，家长们大可不必很粗暴地制止。

说这样的行为是正常的，并不代表可以完全不管，家长们也很难做到完全不管。因此，教育的方式很重要。

首先，家长要充分理解孩子的行为。孩子并没有成人想的那么复杂，他们完全是简单地想要表达友好。所以家长和老师要保护这份童真，理解孩子。

其次，要告诉孩子什么样的行为是正确的。要告诉孩子，男女有别，让他们有性别的意识。告诉女儿：不管任何人都不能随便亲吻、拥抱你，只要别人做出让你不舒服的行为，让你感觉受到侵犯，你就可以大声说“不”，甚至可以反击。告诉儿子：即便再喜欢，都不能随意亲吻、触摸别人。

注意，强行将两个孩子“隔离”不可取。有些家长会找老师，让老师“帮忙”分开两个孩子，不让他们一起玩。这样的做法并不可取，可能会影响孩子的正常社交。

家长保护孩子的身体无可厚非，但要注意沟通的方式方法。不要吓唬或者威胁孩子，更不要用伦理道德来批判孩子，三四岁的孩子并没有形成道德意识，这样做于事无补。告诉孩子正确的与他人相处的方式，建立孩子的性别意识，才可以更好地保护孩子。

案例故事

孩子不愿意动脑筋想办法怎么办？

我的女儿3岁半，不管是玩游戏还是看绘本，遇到问题，总是不愿意自己想办法解决。比如，她在玩乐高，对宣传小册子上印制的乐高城堡造型很感兴趣，自己也想拼一个，但是她不愿意自己动手拼，连试也不试就求助于大人。我在陪她读绘本的时候，常常会提出一些启发性的问题引导她思考故事内容，可是她不愿意动脑筋想答案，总是说“我不知道”“妈妈，你来回答”……这样的例子太多。我并不纠结于她到底知不知道答案，而是看重她愿不愿意思考。请问要怎么引导她呢？

案例分析

“自己的事情自己做”，这是大多数父母教育孩子时的口头禅，但是，说易行难。孩子不爱动脑筋，经常与家庭的过分溺爱和庇护有关。当父母看见孩子把米粒弄得全身都是，衣服系错了扣子，或是磨磨蹭蹭半天无法让玩具归位，有多少父母能够忍住伸手的冲动，坚持让孩子自己做完这些事呢？慢慢地，父母的手越伸越长，孩子交什么样的朋友，如何跟伙伴们相处，学什么，将来要干什么，每一步父母都要掌舵引航。父母就像直升机一样盘旋在孩子的上空，时时刻刻监控孩子的一举一动，随时准备俯身为孩子扫清障碍，处理问题。这样孩子哪有机会自己动脑筋？不是孩子不愿动脑筋想办法，是父母根本没有给孩子机会。

也可能与妈妈的教育方法不当有关。妈妈提的问题孩子不感兴趣或者不擅长，这些问题要么孩子缺乏心理需求，要么确实超出了孩子的知识范围和认识程度，孩子只能说“不知道”或“不会”。她们却因此指责、训斥孩子：“怎么连这么简单的问题也回答不出来”“又说错了”“你可真笨”……这使孩子备受压抑，以后对能够回答的问题也说不知道。

还有可能与孩子的性格有关。有些孩子性格内向，或在成长过程中缺少与人交往的环境，缺乏与人交际的能力，社会适应能力差。这样的孩子对他人的提问往往不善表达，而采用较简单的方式处理，即回答“不知道”。

要培养孩子动脑筋的习惯，首先要找到孩子的“兴趣点”。孩子若对某件事有浓厚的兴趣，就会集中思想和注意力，就会想方设法克服种种困难来达到自己的目的。父母要以自己的情绪和行为去感染和影响孩子，要用自己对周围事物的态度和情趣去影响孩子。

同时，父母要常常给孩子提一些问题，激发孩子求知的欲望，引导孩子动脑筋。问题难度不可太高，要根据孩子的实际，从最直接、最容易思考的问题入手，如比较两件东西的异同；然后逐渐加大难度，让孩子通过自己的努力解决遇到的困难。

3—6岁的孩子对抽象的理论不易理解。因此，光有说教不行，父母要创造动脑筋的环境，通过一些家庭游戏来启发孩子动脑筋，还可以引导孩子读一些幼儿刊物，看益智类少儿电视节目，引导孩子动手、动脑。

孩子是属于自然的，父母应多带孩子到大自然中去感受生活，提出一些问题，引导孩子观察季节的变化，观察动植物的特征。父母要耐心地解答孩子提出的一些问题，哪怕孩子只取得微小的进步，父母也不要放过，要及时地肯定，热情地鼓励。

案例故事

孩子太自私不懂分享怎么办？

我家大女儿快4岁了，最近我发现她越来越自私，占有欲很强，什么都不愿意与人分享。大人要求她把玩具或食物分享给小朋友，她就会大哭大闹；让她分享给弟弟，她会打弟弟。我们给她讲道理她不听，批评打骂也没有效果。怎么做才能让孩子不太自私，懂得分享？

案例分析

诸多因素都会造成孩子自私，不懂分享。

孩子自私的原因之一是孩子天生有利己倾向。因为孩子心智的不成熟，他们往往会单纯地认定“我即世界”。孩子衡量外界的标准便是是否有利于自我本身，相应的行为也是如此。

孩子自私的第二个原因是家长溺爱。特别是老人，有什么好东西首先考虑的是给孩子，久而久之，孩子自然认为好东西应该是自己的，别人都不能动。

孩子自私的第三个原因是周围环境的不良影响。例如与孩子有接触的家庭成员或其他人当中，有爱占小便宜的，有自私自利的，有斤斤计较的等等，也会助长孩子的自私心理。

专家建议

面对太自私的孩子，家长首先要为孩子做榜样示范。希望孩子成为一个大方、懂得分享的孩子，家长就首先要成为这样的人。榜样的力量是巨大的，何况孩子是一个天生的模仿者，家长在日常生活中时时注意，就会潜移默化地影响到孩子。其次，家长要循循善诱，不能用家长的权威强迫孩子，更不能打骂孩子，简单粗暴的方法不会有好的效果，只会让孩子更加自私，对分享他东西的人产生仇恨。最后希望家长尽量不给孩子特殊待遇，合理满足需要。爱孩子一定要理智，全家人统一认识、统一言行，只要坚持，相信孩子太自私、不懂分享的问题一定会得到改善。

案例故事

幼儿园小朋友被欺负怎么办?

案例故事一：我的儿子刚满4岁，读幼儿园小班。有一次我去接他，发现他胳膊上有抓痕，眼睛也哭红了，问老师，老师只是轻描淡写地说打架了，之前也有过好几次儿子被同学欺负的经历。我们一直都教育他，打架是不对的，不能和小朋友打架。现在我们发现，他被欺负之后只会哭，觉得那样教育他也不是很合适。真的打不还手就对吗？会不会让孩子越来越懦弱，甚至会恶性循环，被更多的孩子欺负？

案例分析

孩子之间发生冲突是正常的事。儿童心理学家认为，孩子间的冲突、纠纷有利于培养孩子的自我意识，孩子可以在纠纷中提高与人交往、适应社会的能力，同时也能锻炼坚强的意志。

孩子打闹和成人打斗不同，他们很少有恶意，更多的是为了达到自己的某种目的，比如抢夺好吃的、好玩的。在大多数情况下，孩子之间的冲突不需要成人干预，很快就会过去。所以，我们常常在幼儿园或是孩子玩耍的场所看到，两个刚刚打过架的孩子又在一起玩，而且玩得很开心。如果家长随意叫孩子“还手”，或过多地干预，会让孩子产生依赖，减少了学习解决问题的机会。因此，家长应理智地看待孩子之间的矛盾，积极引导，帮助孩子正确处理矛盾。

孩子被“欺负”，家长首先要稳定自己的情绪，并想办法稳定孩子的情绪，心平气和地引导孩子讲出经历，和孩子一起分析事情的前因后果，确定相关责任。如果责任在孩子，家长应主动向对方道歉；如果事情较严重，应与老师和对方家长共同商量解决之策；如果责任在对方，应明确告诉孩子这是一种错误行为，以防止孩子模仿，同时鼓励孩子心胸开阔，对一些小事不要计较；如果是涉及孩子根本利益的原则性问题，则要引导孩子学会用适当的方法争取自己的利益。

家长应鼓励孩子自己提出解决问题的办法，以培养孩子独立处理事情的能力。如果孩子的方法很合理，家长应及时肯定鼓励。如果孩子的方法不妥，家长应帮助孩子分析不妥之处，并和孩子商量解决问题的方法。

孩子受了“欺负”，家长可在孩子情绪稳定时教给他一些应对冲突的技巧。比如告诉孩子，受欺负时，要双眼瞪着对方，大声告诉对方“我不喜欢你这样对我”，大声斥责对方“不许打人”。这样一来，身边的孩子和老师会听到声音，过来帮忙解决问题；呵斥没有用时，要告诉孩子及时反抗。家长可以在平时和孩子玩一些肢体碰撞类的游戏，比如比手劲、枕头大战等。

孩子在幼儿园受“欺负”，家长一定要教孩子冷静处理问题，锻炼孩子的交往能力和处理问题的能力，引导孩子独立解决问题，相信这能让孩子受益一生。

案例故事

孩子好胜心强怎么办？

案例故事一：我的女儿4岁半了，有点儿要强。在幼儿园，她什么都要争第一，回答问题要第一个，排队要站第一个，吃饭也要第一个吃完……争不到第一她就会很失落。平时，她也听不得别人说她不好，我们不能批评她也不能对她提建议，否则她就大哭。有一次她上课讲话，老师让她站起来，她跟老师对着干，就不站起来，老师让她站到教室后面去，她还顶嘴，把老师气坏了。我认为小孩就应该谦虚，她这种性格长大以后肯定会吃亏。有什么方法能帮她改善一下吗？

案例故事二：我的女儿4岁多一点儿，特别好强，总喜欢和男孩子玩，做什么都想强过别人。比如，老师向小朋友提问时，她总爱抢先举手；大人交谈时，她爱插上一嘴；别的小朋友受到表扬，她就不服气，等等。就连吃饭，她都要争个第一，如果她吃得慢得了第二，她都要找个借口把自己说成是第一。对她的“好胜心”，我很矛盾，一方面觉得有竞争意识是个好事，另一方面又觉得太过好强怕她输不起，以后长大了吃亏。我应该怎样引导她呢？

案例分析

好胜心指的是一个人不满足于现状，力求超越自己、超越他人，争取更大成功的一种心理倾向。争强好胜是每个孩子的天性。科学研究显示，从3岁开始，孩子就有了竞争意识，并且开始拿家长和他人作为自己的参照，通过比较来彰显自我的不同，以此获得成就感。

好胜的性格是一把双刃剑，它能让孩子积极进取，力争把事情做好，也会让孩子缺乏宽容心，不能包容别人，无法承受失败，形成自我封闭、孤僻、不合群的性格。孩子争强好胜，一般有两个因素：一是对自己的能力过分自信，喜欢表现自己；二是虚荣心作祟，喜欢追求表面上的东西。如果是前者，孩子喜欢展示才华没有错，家长不仅要加以引导，而且要为孩子寻找表现的舞台，让孩子更加自信。如果是后者，家长要教育孩子，不能以华而不实的东西作为追求的目标，以帮助孩子正确认识自己。

孩子好强，主要是受家长的影响，可能家长是好强的人，潜移默化地影响了孩子。因为在孩子的心里，家长的形象最伟大，是他学习的榜样，但他又没有选择能力，家长的优点和缺点他都会如数“收下”。也可能是家长有意无意塑造的结果，谁都喜欢自己的孩子表现得出色，但是家长期望过高或过多鼓励孩子处处都要超过别人、比别人强，也会造成孩子爱逞强的心理。

专家建议

首先，家长不能压抑孩子的“过度好胜”，而是要把它引到值得竞争的方面来。家长可以帮孩子区分该争的和不该争的，在该争的地方鼓励孩子竞争，在不该争的地方劝解孩子理性面对。其次，教导孩子遵从公平竞争的原则。好胜心太强的孩子，处于竞争状态时情绪激动，难以自控。家长一定要在发现苗头的时候就尽力劝解、开导孩子，让他明白公平竞争的原则。再次，引导孩子正确对待得失成败。家长不要对孩子要求太多，也不要经常拿他跟别的孩子比较。在和孩子玩游戏时，家长可以适当地让孩子输，借机教导孩子输赢不重要，有所收获才最重要。最后，帮孩子处理好人际关系。好胜心太强的孩子往往跟别人相处得不好，家长一定要充当“协调者”，帮孩子处理好这些关系，引导孩子认识别人的优点，向别人学习。

对太好强的孩子，家长要注意引导，避免挫伤他的积极性或使好强转为嫉妒。家长首先要以身作则，在说话、做事、行为习惯方面做出好榜样。家长要引导孩子多找找别人的发光点，学会欣赏别人，这样能知道自己的不足，不要总是一味地追求超过别人，做好自己才是最重要的。自己的长处，比如表达能力强，要继续发扬；短处，比如唱歌不好，要主动向唱歌好的同学学习。

有的家长喜欢在人前显示自己的孩子聪明能干，让他到处“表演”，意在博得好评，使人羡慕。家长要克服自己的虚荣心，也要防止孩子产生虚荣心。

对好强的孩子，家长千万不要在亲戚、朋友面前揭他的短，或者当众责备甚至辱骂他，这样容易伤害孩子的自尊心，激起他的逆反心理。

有意识地锻炼孩子的抗挫折意识。平时生活中，家长要给孩子更多照顾自己的机会，让他学着收拾房间、整理书包、清洗衣服等，让孩子在做事的过程中学会独立面对问题，培养坚强的内心。

培养孩子的同理心。很多时候，孩子输了后，会对对手心生怨念，不再想和对方继续做朋友了。家长在帮助孩子分析失败原因的同时，还要引导孩子设身处地感受一下别人的心理，让孩子学着站在对方的角度思考问题，学着欣赏别人，从而使心胸变得更加开阔。

案例故事

幼儿园孩子输不起怎么办?

我的儿子今年4岁，是个特别要强的孩子。在平时与小朋友的交往中就能看出，他特别喜欢“赢”的感觉。无论是玩游戏还是比赛，就连吃饭，他都要“勇争第一”。上周他参加了一个平衡车比赛，本来他挺有实力的，但是因为小组赛时与其他小朋友撞在了一起，他就失去了小组出线的机会。他接受不了，躺在地上大哭。最后别人得奖，他还想去抢人家的奖杯。我们作为家长，觉得得失心太重不是一件好事，劝他他不爱听，还有什么其他的办法吗?

案例分析

做游戏不认输，甚至乱发脾气；手工做得不好，就把作品往地上扔；一次比赛成绩不理想，就拒绝参加剩下的项目……这样的孩子并不少见。现在的小朋友普遍早熟又聪明，内心往往敏感又脆弱。一些小朋友把胜负看得很重，常常会因为一点小挫折大发脾气或逃避退缩。无论哪一种情况，都是我们不愿意看到的，都会让孩子的自尊心和自信心受挫。

但是，人们常说：“没有什么教育比逆境来得更实在。”逆商，即面对挫折、摆脱困境的反应能力，要从小培养。1—6岁是培养孩子逆商的关键期，家长应有意识地培养孩子“输得起”的精神。

改变教育方式。一个胜负心重的孩子背后必定有一位过于专制或者过于溺爱的家长。家长过于专制，孩子就会因为害怕失败之后的惩罚而好胜，这样的孩子容易与他人发生矛盾。家长过于溺爱，孩子被包办的事情太多，没有独立解决问题的能力，一旦遭遇失败就会产生非常大的情绪波动。所以，家长首先要反思自己的教育方式。

引导孩子正确看待失败。家长可以让孩子观看一些有关竞争的动画片，让孩子懂得每个人都有长处和短处，都有做不到、做不好的事情，失败并不丢脸。平时家长可以和孩子一起玩游戏，告诉孩子游戏规则，一切按规则执行，不迁就孩子，小的时候让孩子体验“输”的滋味，对孩子应对挫折是有益的。如果孩子因为做不到某件事，或者在游戏中屡屡失败而发脾气、哭闹，家长可以让孩子休息一下，等孩子情绪平复后再讨论刚才的表现，引导他了解比赛和游戏的真正目的和意图，之后再继续。

与自尊心强的孩子沟通，首先要避免强势的对话态度。阻止、指示和批评是伤害孩子自尊心的三个元凶，要是在有这三个元凶的对话中施以强压式的态度，会使情况变得更加糟糕。在家庭里，关于能做的事和不能做的事，家长的态度必须一致，不然就会使孩子产生混乱。其次，用鼓励沟通代替责备，用正确的引导与自身经验的分享启发孩子的思维与行为，孩子会慢慢朝着更好的方向发展。

案例故事

孩子不愿意和人打招呼怎么办?

女儿今年4岁多，刚学会说话的时候，嘴很甜，喜欢叫人，可不知从什么时候开始，她就金口难开了，见人不是低头不语就是装作没看见。我忍不住催她：“乖，快问叔叔阿姨好！”她没反应。我有些难为情，再催，她还是不叫，我就急了，说“宝贝，不叫人可不礼貌啊”“没有礼貌的孩子是没有人喜欢的”，等等。收效还是不大，她还是无动于衷。有一天我实在生气，采用了冷暴力的方式对待她，快步往前走把她晾在了身后。她马上紧张地追上来，我生气地说：“我不喜欢没礼貌的孩子。”她哇的一声就哭了，好像很委屈的样子。到底要怎样做才能让她主动和人打招呼呢?

案例分析

对孩子不愿意和人打招呼的行为，家长无须太焦虑，这并不是孩子不听话的表现。这是因为孩子进入了第一个叛逆期，初具独立思考的能力，自我意识开始发展，是孩子成长的表现。

孩子不愿意和人打招呼，也许是害怕别人对自己不友好；或者是自我评价低，担心别人说自己做得不好；还有可能是害怕陌生人，有抵触心理。我们要善于寻找孩子行为背后的原因，但是这并不意味着我们不要教孩子和别人打招呼。有些家长觉得非常有必要让孩子知道见面和人打招呼是有礼貌的表现，这也很好，但不能一而再再而三地强迫孩子：“乖，叫叔叔。乖，叫阿姨。”有时候家长甚至这样威胁自己的孩子：“如果你不叫阿姨，我等会儿就不带你去麦当劳了！”可想而知，孩子就算当下和人打招呼，那也不是心甘情愿的，带有条件的教育绝对不是好教育。

专家建议

其实，家长只需要运用一些小技巧，就可以改变孩子不愿意和人打招呼的行为。家长要给孩子良好的示范：孩子的成长是漫长的社会化过程，不是一蹴而就的，他需要反复模仿成人的行为，而且孩子天生就具有模仿能力。因此，家长带孩子外出遇到熟人时，可主动上前打招呼，给孩子一个良好的示范，培养孩子的社交意识。家长在遇到同事和朋友时，需要很正式地把孩子介绍给他们，也让孩子知道对方是谁。如果孩子不肯和人打招呼，家长可为孩子选择一条“退路”，告诉孩子，点头微笑也是打招呼的方式之一。如果孩子点头微笑，家长要及时表扬孩子的表现。孩子拒绝叫人时，家长不要逼他，可以转移话题，孩子放松后反而有可能想要表现一下，这时家长要及时表扬孩子，如：“宝宝会跟别人打招呼了，真大方！”对孩子不愿意开口打招呼，家长千万不要表现得过于急切，甚至“威逼利诱”，这样更容易激发孩子的逆反心理。

案例故事

4岁孩子注意力不集中怎么办?

我的孩子今年4岁半，上幼儿园中班，是个生龙活虎的“小伙子”，精力十分旺盛。我感觉他随时都在动，在家里随时都是上蹿下跳的，出去玩也是跑个不停，只有玩平板电脑和看动画片才可以坐得比较久。朋友的小孩和他一样大，可以安静地坐着看很久的书，但是他一直对看书不感兴趣，也坐不住。吃饭最让我头疼，他吃两口就离开座位玩一会儿，一顿饭往往要吃半个多小时到一个小时。他们班的老师也说他注意力不集中，经常不听老师的指挥，上着课他就站起来满地走，有时候还会跑出教室。有什么方法可以改善他这种注意力不集中的情况呢?

案例分析

孩子不是生下来就能长时间保持注意力的，人的注意力是从小到大一点点培养的，年龄越小，注意力集中的时间越短。3岁以后，孩子的注意力开始发展，4岁可达约12分钟，5岁约为14分钟。一般学龄前孩子注意力保持的时间和平均数差一两分钟是正常的，但上小学之后孩子还不能保持长时间的注意力，就会影响学习效果。有一个方法可以简单检验孩子的注意力是不是有问题。在他做自己喜欢的事情的时候，家长不去打扰，在一旁观察，看他能坚持多久不走神，假如每次都不超过10分钟，孩子可能就有点问题了。

孩子注意力不集中，原因是多种多样的。排除一些遗传或先天因素、生理疾病外，孩子注意力不集中可能与兴趣有关。面对不感兴趣的事情，就算是大人也很难打起精神来，更何况是孩子。除了“不感兴趣”，还有一个常见的原因，就是有别的让孩子更感兴趣的事。孩子在课堂上琢磨他认为更有趣的事，当然会分神。除此之外，家长对孩子要求过于严格；孩子没有养成良好的生活习惯；环境刺激过量，长时间看电视、玩游戏；家长过度关心、溺爱孩子，长期否定孩子等都会导致孩子注意力难以集中。

注意力是可以培养的，而且随着孩子年龄的增长，注意力集中时间会逐渐增长。兴趣是最好的老师，孩子有了兴趣，注意力集中时间自然会增长。家长尽量给孩子创设一个比较安静、舒适、整洁的环境，尽量减少无关刺激。为了增加孩子的注意力集中时间，家长可在平时利用孩子感兴趣的游戏来训练他。比如孩子喜欢画画，但是可能坐不住，妈妈可以跟孩子商量，画完一棵大树休息3分钟。妈妈不断给孩子设定目标，督促他完成，然后给予休息时间。慢慢地，适当延长完成任务的时间，缩短或取消中间的一次休息。在陪伴孩子画画的过程中，妈妈尽量不要去批评或者指责孩子。对幼儿，家长一定要保证他充足的睡眠和适当的体育运动，这样更有助于注意力的培养。再就是注意在日常生活中培养孩子同一时间段只做一件事的习惯，吃饭就不能看电视，看电视就不能玩玩具等等。

案例故事

5岁孩子不爱说话怎么办?

我儿子是3岁2个月时才开始说话的，在那之前只是偶尔说一些简单的词。上幼儿园之后，老师跟我说孩子性格内向，不愿意参加集体活动，尤其是上课的时候，他一言不发，下课后倒是比较自然。今年他升入大班了，还是如此。孩子在家里还是会说话，但是话不多，其他方面，如体质、协调性、认知能力等都发展得很好，我们也带他去看过医生，医生也说孩子身体没有问题。可是一直这样，我担心孩子会被老师和同学边缘化，该怎么办呢?

案例分析

孩子从小不爱说话，原因非常多，有病理因素也有心理因素：怕说错，因为爸爸妈妈过于严厉；缺乏环境刺激，负责照顾孩子的老人喜静，和孩子交流少，家里环境过于安静；缺乏同伴，和同龄人接触较少，没有机会学习如何与他人交流；父母过于忙碌，缺少与孩子交流的时间；父母或家里的老人过于宠溺孩子，所有事情都包办代替，让孩子失去了沟通的欲望……

病理因素除外，孩子不爱说话并不意味着孩子有问题，家长需要做的是给孩子创造表达机会，提升孩子的表达能力。家长可以和老师沟通一下，让老师多创造锻炼孩子表达能力的机会，比如，上课时多让孩子起来回答问题；班级活动时多鼓励孩子上台表演；区角活动时让孩子当“小老师”，给其他同学做示范；在孩子完成任务时，及时给予鼓励，增强其自信心。家长应鼓励孩子结交朋友。有几位朋友，孩子的内心会是安定的，往往不怕失败，敢于敞开自己；如果孩子没有朋友，没有进行沟通的同伴，容易沉默寡言。家长也可以带孩子多参加一些社交活动，参与接待客人，使孩子感到自己被家长和外人所承认，从而逐渐建立自信心。

家长可以刻意地为孩子增加一些交流的机会，比如带孩子去超市购物，选购物品时，让孩子帮忙与售货员沟通；让孩子选购自己喜欢的商品，独立结账。家长应多倾听孩子说话，做孩子最好的倾听者，中途不要打断孩子说话，全神贯注，有耐心地听孩子把话说完，这既是对孩子的尊重，也是培养孩子主动与人交流的有效方法。在倾听的过程中，家长点头示意、流露出赞赏的眼神会给孩子信心和力量；倾听完以后，重复孩子的话，让孩子感到被尊重和有成就感。这样孩子会慢慢变得爱说话。

案例故事

5岁孩子“偷”东西怎么办?

我儿子5岁2个月，读幼儿园大班，最近我发现他“偷”幼儿园的东西回家。有一天我在整理他的外套时，发现口袋里有一个卡通印章。我没有给他买过那种印章，所以问了他，他告诉我是从幼儿园的钢琴上面拿的。我一听就急了，因为他之前从幼儿园拿了一支笔回来，我教育过他，这次他又拿。那天我对他发了火，他被吓到了，哭了。我们家从没少给过他东西，为什么这孩子老是“偷”幼儿园的东西呢？有什么好的办法让他改正吗？

案例分析

很多家长都经历过类似的“事件”，并且有过这样的心理反应。其实，这真是小题大做了。在没有弄清楚孩子拿幼儿园或者别人的东西回家的原因之前，家长在和孩子沟通时要注意方式方法，不要给孩子过大压力。“怒不可遏，一顿打骂”这种方式十分不可取。单纯打骂会给孩子过多的刺激，让他们无法理解家长的教育意图。不要用“偷”字定义孩子的行为，用“拿”也许更容易让孩子接受。孩子也有自尊心，在教育孩子时，家长如果充分尊重孩子，效果会事半功倍。孩子是做错了事，但家长要理解他，了解孩子“偷拿”东西的真正原因。

对于三四岁的孩子来说，某件东西是属于自己的还是别人的，界限并不清晰。这个年龄段的孩子还不具备有意“偷拿”的意识和能力，把幼儿园的东西拿回家，大多是无意行为。五六岁的孩子把幼儿园的东西拿回家，很多情况下就属于有意行为了。这个年龄段的孩子应该已经有了“物权”的概念，知道拿集体或别人的东西不对，但他们很难控制自己的意念和行为。

专家建议

可以尝试用这样的方式来教育自己的孩子：

明确告诉孩子这种行为是不被允许的。5岁的孩子已经能够明显地意识到自己的行为是否恰当。家长一定要帮助孩子建立明辨是非的能力，在恰当的时候予以教育，开诚布公地告诉孩子“幼儿园的玩具是给大家玩的，属于公共财物，不经允许拿走是不对的”。家长要鼓励孩子将玩具送回幼儿园，还要和老师商量好，不要说孩子“偷东西”这样的话，反而表扬和鼓励孩子的诚实品德。告诉孩子，幼儿园的玩具想带回家玩，可以向老师借，但第二天必须还。

平时对孩子的基本物质需要，家长要予以合理满足。孩子闹着要买某样东西时，家长先不要一口否决，应耐心地询问购买理由，如果出于正当需要，一定要“慷慨解囊”；如果是不必要的购买需求，也要耐心说明，让孩子明白不买的原因，而不是以粗暴的忽略、漠视或训斥来对待孩子。可以培养孩子通过劳动获得物质满足的习惯。家长可以有意识地让孩子学做简单的家务，无论孩子做得好不好，家长都及时给予精神或物质上的奖赏。孩子会渐渐意识到，通过自己的劳动与努力获得“报酬”是快乐且光荣的。

案例故事

5岁孩子“购物欲”太强怎么办?

我的儿子8月份就满5周岁了，他是我们一家的开心果。大多数时候，他是个阳光、活泼的小男孩，但有时候却特别犟。他喜欢车，家里全是他的小汽车玩具，但是这还不够，每次进商场他都想买汽车玩具。逛到儿童玩具货柜时，他就说什么也不肯走了，非得买到东西才行。如果我们不答应他，他会闹得整层楼都听得到。我们一开始还和他讲道理：“家里已经有很多汽车玩具了，不能再买了。”他不听，还是闹着要，如果我们不理他，他就闹得更起劲儿。这个时候我就会骂他或者打他，但是他好像不怕我们，还是继续撒泼打滚，甚至是躺在地上耍横。我们怕他闹得太凶，也怕他闹凶了我们不好收场，一般两种结局，要么我们给他买了，要么我们假装先走了。感觉他现在年龄越大越不听话了，有什么方法让他以后别在商场耍横吗?

案例分析

我们经常会看到这样一幕，孩子在玩具店面前久久徘徊不愿走，执意要买“一见钟情”的玩具，妈妈一般不会轻易妥协，所以结局就是，妈妈在前面气冲冲地走，孩子在后面哭着撵着……当然这种是好一点的，孩子不是那么执拗，有的孩子会在地上撒泼打滚，让妈妈尴尬、无奈。

现在物质生活比以前丰富了很多，家长多会满足孩子，所以，导致许多孩子这种“叛逆”的举动越来越严重。

为什么这位家长会觉得孩子要横比小时候多而且难对付呢？那是因为与小时候相比，5岁的孩子可以更长时间地集中注意力，集中在他们需要的信息上，屏蔽无关信息。家长还像对付两三岁小孩那样用转移注意力或哄骗的方式，肯定不会奏效。即使家长用尽办法将孩子带离商场，回到家后，他仍可能继续哭闹，一直持续到明天或后天，甚至更长时间。

专家建议

遇到孩子这样“不听话”的时候，家长买和不买都不对。孩子为什么不听话呢？很多时候是因为他们根本没有被告知要听什么话。孩子是最讲道理的，他们不讲道理往往是因为无理可讲。约定好的事情，孩子有时比家长要执行得好。

所以，家长可以在每次出门前和孩子约定好：“孩子，爸爸妈妈带你去商场，爸爸要买××，你要买××，妈妈要买××，除此之外，我们什么都不能买了，可以吗？”一般孩子会答应，如果孩子有不同意见，就商量好了再出门。

到了商场，孩子想买不在计划之内的东西时，家长只要提醒他“我们说好的，不能买其他的”，就会发现孩子非常讲理，他盯着想要的东西，尽管满脸渴望，但还是会同意：“那就下次再买吧。”还有些孩子在提醒之后还会要买，家长千万不能答应，因为是约定好的，这是家长建立威信、“说话算数”的最好时机。

回到家里，再和孩子提一下，“今天你想买的那个东西，我们讨论一下要不要下次买”。孩子会觉得爸爸妈妈很重视我、很爱我，我一定要听话。

案例故事

孩子一不如愿就发脾气怎么办？

我的女儿从小脾气就有点大。小的时候哭闹，我认为她可能是听不懂道理或者脾气急，一般都会迁就她。随着年龄的增长，她的脾气变得越来越大，今年5岁的她已经开始顶嘴了。有一次走在回家的路上，她突然想去游乐场玩，我们没有同意这个计划外的提议，于是她开始哭闹，动静越来越大。我讲道理，她根本听不进去，而且还用小手把耳朵捂起来，说：“不听不听，我就是要去。”我吼她，她就说：“妈妈，你说好的不吼我的，你说话不算数。”真是拿她没有办法啊。

案例分析

孩子脾气大的原因有很多，比如受到父母或身边人的影响，大人的情绪习惯是孩子模仿的直接途径；或者父母对孩子管束过严，约束太多，孩子的很多行为都会受到阻碍，积压下来就会导致坏情绪等。有的父母受孩子左右，孩子说什么是什么，孩子要求什么做什么，以求孩子听从自己的；还有的父母甚至为孩子护短，替孩子说谎，或是过分夸耀孩子，这样使孩子的自尊心受到压抑，孩子一旦明白了，会对父母的纵容感到羞辱和愤怒。久而久之，这样就会使孩子失去对父母的信任与尊敬，父母的话自然也就不放在心上，逆反心理会愈发严重。

面对这样的情况，父母首先要检讨自己的行为习惯，孩子很容易有样学样，所以父母不要用发脾气来解决问题，不要给孩子造成坏的影响。

不要对孩子的行为有太多约束，孩子的情绪自然就会慢慢好起来。教会孩子正确面对和处理自己的不良情绪，在这方面，同龄人的榜样作用就非常明显了，应该给孩子树立一个榜样，很多绘本都涉及这一点，可从中选一个孩子喜欢的形象来做榜样。

尊重孩子的人格。孩子做对了或做好了，父母要使他知道应该这样做，并且鼓励他做下去；表扬不要言过其实，尤其避免在众人面前做不适当的夸奖。孩子做错了或做坏了一件事，父母要提出意见和批评，甚至严厉的批评，采取惩戒措施，使他吸取教训，但批评要实事求是。

当孩子遇到困难，包括学习知识、技能上的困难，处理生活上的一些小事和朋友之间的一些麻烦等，父母不要包办，更不要说孩子是“笨蛋”，而是要顺势引导，让他们感到自己能够做好并努力去做，从完成任务中得到满足，从而增强自信心。

当孩子情绪不好，如受了批评、委屈，受了小朋友的冷遇，自己心爱的玩具损坏了，要做的事情总也做不好时，父母要给予安慰、鼓励或者指导，教孩子自己动手把玩具修理好，教他们谅解伙伴或主动与小朋友和好等。

父母要让孩子当助手和参谋，有意识地与孩子商量家里的事情。做好了一定要谢谢他，即使做坏了也不要嫌他帮了倒忙，而要告诉他怎样才能做好。稍大些的孩子，可以请他出主意，如到哪儿玩，爷爷奶奶过生日买什么礼品，甚至家里什么东西摆在哪儿等等。这样做会使孩子感到和父母一样拥有参与“家事”的资格，从而更加尊敬父母，并主动用“大人”的标准严格要求自己。

案例故事

6岁小孩坐不住怎么办?

我家男孩刚满6周岁，就要读一年级了。目前来说，他主要的问题是坐不住，比如说吃饭的时候，他动来动去，跑来跑去，一刻也坐不住；做作业也是这个样子。幼儿园大班有一些书面作业，但是他不能一心一意地去做，要么就是玩桌上的东西，要么就是叽叽喳喳说话，不能在限定的时间内完成。我本想让他晚一年读书，想他大一点可能注意力会集中一些，但又觉得7岁半读一年级太晚了，好犹豫。

案例分析

“坐不住”涉及的是自控力的问题。对于幼儿园和小学生家长来说，最头疼的事情莫过于孩子做事容易分心，无法集中注意力，上课总是坐不住。其实这里面起关键作用的就是孩子的自控力。孩子发展起自控力以后，他们就能控制冲动，会等待并延期行为，忍受挫折，延迟满足，开始尝试制订计划并执行计划。早期教育的一个重要目标就是让孩子发展起自律和自控的能力。关于发展孩子的自控力，家长可以这样做：保证孩子有充足的睡眠。对幼儿园和小学阶段的孩子，家长要尽可能保证孩子每天的睡眠时间在10个小时以上，让孩子养成早睡早起的生活习惯。

专家建议

可以用玩游戏培养孩子的专注力。专注力虽然是孩子学习所必备的能力，却往往很难在一本正经的学习中完全培养出来。专注力，大都是在玩耍、游戏、运动、户外活动等孩子感兴趣的事情中培养起来的。可以通过玩拼图、找不同等游戏培养孩子的专注力。当孩子完全投入游戏中时，他们根本就不会因受外界的影响而分心。专注力需要从小培养，不能等到孩子进入小学以后才开始重视。除了拼图、找不同这些游戏之外，木头人、角色扮演等游戏也有助于培养专注力。

锻炼孩子延迟满足的能力。心理学上有一个经典的糖果实验，讲的就是延迟满足。锻炼延迟满足能力可以从带孩子逛超市开始，在进入超市之前，跟孩子商定一次只能买一样东西。只要规矩立在前，孩子几乎都能遵守。这样做的目的，是希望孩子在这个过程中逐渐学会自我控制，学会等待。

及时鼓励孩子。孩子并不会因为那是规则而去遵守，他们遵守规则是想得到家长的爱和回应。所以，家长利用权威给孩子立下规矩，如果孩子能够自觉遵守，请给予他爱的回应，及时且具体地鼓励孩子的自控行为。

最后，家长一定要记住：请保持对孩子的爱心和耐心。“上学是孩子自己的事情”，家长应该关注，但永远都不能替代。

案例故事

暴脾气的孩子怎么教育?

我的儿子刚满6周岁，从小就是个火爆脾气，常常一言不合就“原地爆炸”。因为他这个脾气，我们没少收拾他，但是一直都没什么效果。在幼儿园里，小朋友和老师都怕他。上周老师告诉我，上手工课的时候有个小朋友不小心把他的纸飞机撕了。他立刻又哭又吼，老师完全管不了他，导致老师的教学无法继续进行。我觉得即使受了委屈，也应该等下课了再来解决，发泄情绪影响到别人特别不好。有什么好办法教育这种暴脾气的小孩吗?

案例分析

孩子容易“原地爆炸”，惹出麻烦，大致有两方面原因：第一，他们内心有个“超级火药桶”。这样的孩子，在0—6岁时，身边总会有一个急躁、暴躁、强势、有掌控欲的抚养人。孩子常常被急躁强势的抚养人大量地说教、呵斥、指责、强迫，这些都会让孩子内心产生愤怒的情绪，久而久之凝结成了“火药”。所以，家长会认为“这孩子从小就脾气大”。第二，他们无法正确解读别人的行为。这样的孩子，别人轻轻碰他一下，或者开个玩笑，他就解读为“严重攻击”。

这是因为，孩子在0—6岁时长期被抚养人的急躁暴躁言行攻击，长期处在“战备状态”，身体紧绷，内心给自己筑起了坚强的“防御体系”。这个“防御体系”常常过度灵敏，可以让他很好地免于“攻击”，但是与普通人交往时就成了障碍。所以，当“火药桶”孩子“爆炸”的时候，家长最应该做的是不说教、不批评，而是接纳孩子的情绪——拥抱正在发泄情绪的孩子，让他感受到家长的爱。

很多时候，孩子发脾气是不得已而为之，他没有学会用其他的方式来疏导情绪，因为爸爸妈妈或者爷爷奶奶就是通过发脾气来解决问题的。要引导孩子感知情绪。家长可以在孩子稍微冷静一点的时候，引导他们说出自己的情绪，比如“看起来你好像很生气？”“看起来你很沮丧？”等等，让孩子感知自己的情绪，跟自己的情绪待一会儿。

孩子之所以“一点就着”，是因为自我情绪调节能力低，缺乏自我控制能力，表达能力差，或者是孩子对自己的要求是否合理缺乏判断能力。家长这时就要帮孩子找到“发脾气”的原因，像上述问题，家长可以说：“你很辛苦地折了纸飞机，那么喜欢，他却一把给撕了，你好伤心啊，对吧？”情绪一旦被看见和理解，孩子就找到了走出情绪的“出口”。

一切事后再论理。对正在发脾气的孩子讲道理是一点儿用都没有的，孩子听不进去，家长可以在孩子完全平复之后再来论理。事情大，可以稍微多说两句；事情小，可以忽略。孩子的情绪长久以来不被接纳已经让孩子备受伤害，不可能一次就改变，家长需要多点耐心，经过调节相信孩子的脾气会逐渐改变。

案例故事

孩子被嘲笑如何帮助他？

我的儿子读幼儿园大班，身材比较瘦小，性格十分乖巧，很懂事。但是最近我发现他情绪不好，他给我说班上有两三个调皮捣蛋的男孩子经常嘲笑他，笑话他午睡尿床，笑话他是“干豇豆”，反正就是“盯上”他了，处处挤对他，他不想去上幼儿园了。我和老师沟通过了，老师说会教育引导那几个孩子。我该如何引导我的孩子，让他的情绪好一些呢？

案例分析

孩子的自尊心在我们还没有意识到的时候就已经存在了，也许父母在家时能够注意到这一点而且会小心应对，但是孩子总要接触外界和社会，当他们在幼儿园这个小社会与人接触的时候，难免会被人取笑。被人嘲笑对于小孩子而言是一件耻辱的事情，孩子的自尊心会受伤害，很容易产生自卑心理。孩子被人嘲笑时，如何疏导孩子的心理压力和情绪值得家长们注意和学习。

专家建议

首先，家长应该认真地听孩子讲述事情的整个过程，这是给他提供帮助的重要前提。听完孩子的诉说，家长可以说：“这样你肯定感到非常难受。”家长不要做任何判断，先接纳孩子的感受，让孩子感觉找到了心理依托，对家长产生深深的信任。

接着，家长可以用共情的方式开导孩子，比方说：“我记得我在你这个年纪的时候也被别的小朋友说过。”为什么要这么说呢？因为被别人戏弄、嘲笑是让孩子感觉非常孤单的事情，听说家长小时候也有过同样的经历，他会觉得自己不那么孤立，同时他也会愿意继续听家长说下去。

但是，接下来，家长就不要自以为是地告诉孩子怎么处理，而应该鼓励引导孩子自己想办法解决，如：“我们该怎么办呢？”因为孩子自己成功地解决问题后他才会有成就感，这能帮助他树立起自信心。可以通过头脑风暴的方式和孩子一起想出多种解决办法，但是切记不要帮孩子判断哪种办法好，哪种办法不好。

家长还可以站在戏弄者的角度，通过某种方式告诉孩子：“孩子，也许你很难相信，其实那些小朋友也有不开心的时候。”为什么要这么和孩子说呢？因为这可以使孩子认识到那些孩子自身也是有缺陷的，他们并不是那么可怕，他们也有伤心难过的时候。

最后，家长可以问问孩子：“你需要爸爸妈妈为你做什么呢？”孩子也许需要，也许不需要，因为他们可能会觉得家长介入会把事情弄得很复杂，但是作为一种选择来提供，这是很重要的。

一些孩子对别人的玩笑过于敏感，如何与孩子沟通取决于家长对孩子的了解程度。家长可以问自己一些问题：孩子是不是特别敏感？他经常会自己嘲笑自己吗？这样的事情以前发生过吗？他与大多数的孩子相处得怎么样？如果孩子不管在什么场合都是被嘲笑的对象，而且孩子已经习以为常，家长就得求助专业的心理老师了。

案例故事

如何让孩子学会谦让？

家长A：孩子今年4岁，刚刚上幼儿园。我平日教育她要谦让，她也很乖，不争不抢，但在幼儿园和小朋友玩的时候总是被欺负。比如滑滑梯，她明明排在前面，如果后面有人挤她，她就会自动让开。我感觉这种谦让有点过度，像胆怯，我该怎么教育她？

家长B：我的孩子6岁了，感觉有点小气，不懂谦让，尤其是吃的方面。比如买了一袋巧克力豆，有其他小朋友在场，他不会主动分享。在大人的引导下，他会问别的小朋友想不想吃，如果别人真的要吃，他立刻就不高兴了。不懂得谦让的小朋友该如何引导？

案例分析

谦让是中华民族的传统美德，每位家长都希望孩子拥有这份美德，学会关心、照顾他人，因此受到欢迎。很显然，这两位小朋友并没有学会真正的谦让，而让家长产生了困扰。孩子怎样做才算是谦让？什么时候需要谦让？其实，不分情况的不谦让和不分情况的谦让都不是真正的谦让，真正的谦让是建立在孩子遵循内心的想法和底线，根据相应的情况，愿意并主动为他人着想、尊重他人的基础上的，而不是委屈孩子以牺牲自我、损害自身利益为条件来强推美德。

家长要培养孩子谦让的品质，必须从孩子的心理特点出发。3—6岁的孩子开始具有最初步的对社会规则和行为规范的认识，能做出最直接、简单的道德判断。但是家长往往提出一些不符合孩子年龄特点、超越孩子道德发展水平的要求，实际上会影响孩子对事物的判断，令孩子产生矛盾心理。家长应关注孩子真实的情感需要，违背孩子意愿的谦让只是表面的，孩子内心并没有真正谦让，容易适得其反。

培养孩子的谦让品质，实际上也是培养孩子的同情心。幼儿阶段的孩子能关心他人的情感反应，做出初步的关心、同情反应。激发孩子这种乐意与人交往、关心他人的情感和同情心，可先从谦让比他小的弟弟妹妹及比他弱小的群体开始，逐步过渡到关心、谦让比他年长的人，如爸爸妈妈、爷爷奶奶等，随之学会主动去关爱他人。

谦让也是要讲求一定原则的。很多家长在让孩子谦让的时候，并没有讲明谦让的前提条件。在遇到实际问题时，孩子没有办法判断该不该谦让，甚至有时会觉得自己做得不对。

当孩子有谦让行为，家长要及时夸奖与鼓励孩子。不要给孩子贴上“虚伪、不真诚、小气”这样的标签，尤其是在家里，这会让孩子向着标签的方向发展。引导孩子发现谦让的好处，但也要注意提醒孩子：别的小朋友有接受和拒绝的权利，包括他自己。

及时与老师沟通，适时调整教育方法。老师与家长的观察角度不一样，家长可以通过老师在幼儿园观察到的情况来反观自己的教育方式，从而调整自己的教育方法。

孩子自觉的谦让行为，不是靠一次两次的教育、一天两天的鼓励表扬就能够形成的，必须从日常生活中的小事做起，持之以恒，养成习惯。家长要尊重孩子的人格，帮助孩子培养自信心、自尊心、自爱心，既不溺爱，也不苛求；更要注重谦让精神的言传身教，在日常生活中潜移默化地对孩子施以积极的影响。

案例故事

大宝总是欺负二宝怎么办？

我家有两个宝贝，大宝是个男孩，5岁，读幼儿园大班，小宝是个女孩，刚满1岁，正在学步期。怀小宝的时候，大宝一直很期待小宝的到来，我也曾想象过两个孩子相亲相爱的画面。可是，当二宝渐渐长大，家里的“画面”与我当初的想象越来越不同。哥哥对妹妹的态度得看心情，心情好时又搂又抱，心情不好时又打又闹。妹妹很喜欢缠着哥哥玩，哥哥总是吃妹妹的“醋”。我每天被哥哥的“告状”声和妹妹的哭闹声包围，有什么办法让他们和平相处吗？

案例分析

在很多二孩家庭里，当二宝出生的时候，大宝都会有莫名的烦躁不安的情绪，这是很正常的，这种情绪在心理学上称为“同胞竞争障碍”。“同胞竞争障碍”指的是随着弟弟妹妹的出生，儿童表现出的某种情绪的紊乱，多数情况下情绪紊乱比较轻，但竞争和嫉妒比较持久，常伴有孩子某种程度的退化，如丧失以前已经学到的技能并有行为幼稚化倾向。比如，大宝经常会模仿婴儿的举动以引起父母的注意，如让人喂食等，同时对立心理更强，不时发脾气，偶尔表现为焦虑和烦躁的恶劣心情，也时常迫切要求父母关注。

专家建议

如果大宝的这种心理障碍与不适感父母放任不管，后果是很可怕的。那么，如何让大宝接受二宝并和谐相处呢？父母可以这样做：

公平公正地对待每一个孩子。在二孩家庭中，想要做到公平公正，并不是“大宝有什么二宝就要有什么”这么简单。家里突然多了一个小弟弟或小妹妹，爸爸妈妈的宠爱势必会分走一些，这会让大宝感觉到受冷落，开始变得妒忌、不开心。如果父母发现大宝有争宠的心理和行为，就应该给大宝多一些关爱和安抚，平等对待大宝与二宝的地位，让大宝知道，爸爸妈妈依然很爱他。

提升大宝的责任感。两个孩子争夺母爱确实是一件令妈妈头疼的事，但是，在大宝稍稍大一些、明白事理的时候，妈妈在给予大宝足够的理解和尊重的前提下，可以适当示弱，从而给大宝机会学习体谅妈妈。如根据大宝的能力和年龄增加家务清单，让大宝有能力照顾自己，之后，他会有信心和能力去帮助他人。

让孩子自己协商解决冲突。有研究发现，当父母在孩子边上时，他们往往吵得更激烈。所以，回避是一门“技术活”，是在对孩子有充分把握之后循序渐进地退出。只有父母退出了孩子的“战争”，孩子的自控力才能形成。当孩子需要父母出面调停冲突的时候，父母需要正面冷静地对待孩子，不要一味地认为大的就应该让着小的，面对两个孩子，公平地对待、不偏不倚是最重要的。

案例故事

二宝出生后，大宝变得很黏人怎么办？

我家有两个男孩，大的今年3岁半，小的才几个月。这段时间，我发现大宝变得特别黏人。无论我去做什么，他都要跟着我，一会儿看不见我，就会“妈妈、妈妈”喊个不停，洗漱、穿衣、吃饭、外出，他什么都必须我来为他做，不让爸爸帮忙。

好怀念我怀弟弟的那段时间，老大是那么懂事、乖巧。现在，他经常因和弟弟“争风吃醋”而胡闹，有几次把嗓子都哭哑了。虽说我全职带孩子，但是老大这么黏我，让我感到特别累。请问我该怎么办呢？

案例分析

这位妈妈的苦恼具有一定的普遍性，家有二孩的妈妈都很容易遇到这个问题。一般来说，不管大宝在弟弟妹妹出生之前曾经多么盼望有个玩伴，真到二宝出来跟他争夺父母的注意力时，大宝都会忍不住感到失落。他会不由自主地感到，原本可以独享的父母之爱被另一个小生命给瓜分了，他不再是父母关注的中心，难免会心生被遗忘的顾虑。在想办法引起父母的关注、追求公平的爱时，大宝很容易把二宝看成自己的竞争对手，心怀嫉妒甚至怨恨。

孩子的心是异常敏感而脆弱的，要想让大宝不再吃醋，父母需要及时满足大宝的情感需求，并尽可能公平地对待两个孩子。

首先，妈妈应该理解大宝的心理。再忙，妈妈也要顾及大宝嫉妒弟弟的心理，想办法对大宝进行安抚，尽量多单独陪陪大宝，多给大宝一些拥抱。如果实在顾不上，妈妈也可以多跟大宝说“妈妈爱你”“弟弟小，妈妈要对他多些照顾，但妈妈对你的爱不会因此而改变”，让大宝确认妈妈的爱，他才会有一个宁静的内心世界，才不会想办法确认自己在父母心中的地位并跟弟弟争宠。

其次，父母要从正面引导孩子的行为。妈妈可以多组织一些适合两个孩子一起玩的游戏，还可以请大宝照顾弟弟，时不时让他帮忙拿奶粉，或者丢尿片。大宝如果配合，妈妈要及时鼓励大宝，并把这种鼓励跟他做哥哥的角色结合以来，可以说“小哥哥知道让着弟弟了哦，真棒”“弟弟有你这样的小哥哥，妈妈都替他感到高兴”“你能这样跟弟弟分享，真不容易，妈妈为你骄傲”等等。

最后，尽可能公平地对待两个孩子。妈妈给二宝买新衣服的时候，不要忘了给大宝准备一份；在别人都称赞弟弟的时候，妈妈不要忘了夸奖哥哥；即便有时候，大宝想要喝弟弟的奶粉，妈妈也不要刻意阻止，让他喝喝也无妨，因为他可能只是不想让弟弟独享而已。市面上有不少关爱大宝心理的绘本，比如《汤姆的小妹妹》、“小兔波力”系列的《波力当大哥哥了》都是很好的心理辅助读物，适合二孩家庭亲子共读。

二宝出生后，大宝接受二宝的时间可能很短，也可能会很长，父母应该给大宝适应的时间。要相信，随着时间的推移，大宝终会顺利接纳二宝的。

青羊家长读本
QINGYANG JIAZHANG DUBEN
小学篇

案例故事

一年级新生难以适应小学生身份怎么办？

开学都半个月了，我感觉儿子还完全没有融入小学生活。他每天回家就闹着让我把他送回幼儿园去，说幼儿园有多好多好，说他想念以前的老师和同学。最可气的是，他在学校不上厕所，每次都是憋回家才上，有几次都憋哭了，问他为什么不在学校上厕所，他说没时间。这刚开学两周，我已经被老师请去学校谈了四次话了。我儿子完全坐不住，一节课45分钟，他只能乖乖地坐5分钟。我一直觉得让孩子自由成长比较好，读幼儿园没有特别要求过他。现在这种情况我该怎么办呢？

案例分析

上课注意力不集中，东张西望，走神发呆；回答问题不习惯举手，甚至上着课不打招呼就走出教室；上厕所不会自己穿脱裤子；不会整理文具和书包……小学环境、授课方式、同伴师生关系构成的“新秩序”，父母的高期望，学习的竞争压力，使得许多刚从幼儿园升入小学的孩子面对新同伴、新老师时不知如何交往；面对新秩序、新纪律，不了解也不遵守；对“关照密度”较低的新环境，失去了安全感和亲密感，从而产生孤独感和挫败感。这在心理学上称作“心理适应性障碍”。孩子的心理适应过程个体差异比较大，有的孩子在进入小学一段时间后就会适应，而有的到了小学三年级还存在不适应的问题。家长需要细心观察，主动与老师沟通。要使一年级新生顺利度过入学适应期，更重要的是培养孩子的时间观念和责任意识，帮助孩子树立“我长大了”的观念。

告诉孩子“你是小学生，你长大了”，利用孩子对上学充满渴望的心情，培养孩子的责任心。慢慢放手让孩子学会自己整理书桌、房间。及时调整作息，将作息模式调整为早睡早起，要求孩子每晚8:30—9:30去睡觉，早上6:30—7:00起床，每天保证一定的睡眠。小学中午不像幼儿园有充足的时间午休，所以要培养孩子按时起床、按时睡觉的良好习惯。

进入小学的第一个学期，家长不要对孩子期望太高，而要注重培养孩子的学习习惯。在家可以训练孩子静坐，时间可以从15分钟慢慢过渡到30分钟，再过渡到40分钟。在这段时间内，可以让孩子看看书，也可以给孩子讲故事。

多陪伴，多鼓励，培养孩子的抗挫折能力。孩子上了小学以后，很可能会遇到学习和生活上的问题，家长应该在平时的生活中多给孩子“创造”一点受挫折的机会。当孩子遇到挫折想放弃时，家长应怀着极大的兴趣与孩子一起探讨，以增强孩子的信心，让孩子在解决难题中感受到乐趣。

其实，新生入学，最焦虑最难适应的还是家长。家长们遇到问题时要淡定，不要把焦虑的情绪传递给孩子。

案例故事

小学生丢三落四怎么办?

我女儿读小学一年级，做事情不仔细，总会丢三落四。做起作业来，她经常不按照顺序做，也不写题号，根本弄不清是哪道题，所以有些题经常会做错或漏做。有时候，她甚至不知道老师布置了哪些作业。经常都是写错了，才发现没有准备橡皮；铅笔折断了，才发现没有准备削笔刀；写作业时，一会儿拿这个一会儿拿那个。上完兴趣班，人已经到家了，才发现自己的水杯或者彩笔落在了教室里。本来是她自己的事情，却一直是大人在替她操心。有什么办法让她谨慎一些吗?

案例分析

丢三落四的孩子归根结底是条理性比较差。如果生活中也是如此，不懂得安排和规划，那么做父母的就要好好反思一下了。孩子做事没有条理，往往是父母包办代替造成的。孩子小的时候，做起事情来经常丢三落四、忘东忘西、笨拙混乱而且没有条理。这个时期，如果父母缺乏耐心，觉得与其让孩子搞得乱七八糟的，还不如直接帮孩子做更省时省力；或者一味宠溺孩子，事无巨细地帮孩子安排好一切，就剥夺了孩子锻炼的机会。时间一长，孩子就养成了依赖的习惯，不愿意主动做事、想事，惰性越来越强，在做事时又何谈规划和条理性呢？要改变孩子丢三落四的习惯，不能只着眼于做作业这一件事情。这样“头痛医头，脚痛医脚”，很难有根本的改观。父母要在生活中的各方面放手，让孩子自己学着照顾自己，自己安排自己的生活和学习。当孩子在吃饭、睡觉、刷牙、洗脸这些小事上变得有条理了以后，学习上丢三落四的缺点肯定也会慢慢克服的。

专家建议

避免唠叨　不要一直强调孩子忘东忘西的行为，当孩子有进步的表现时，不妨大方地夸奖他。同时，父母应为孩子创造可以稳定情绪的环境，便于孩子慢慢减少掉东西的次数。

具体的教导　具体地教孩子如何做才不会忘东忘西，例如：要带去学校的东西，在前一天晚上睡觉前就全部准备好，置于桌上或明显的地方；脱下来的衣服放在固定的地方；用过的物品放归原处。若教了之后孩子仍然健忘，父母可以适时提醒：“你都准备好了吗？”“用完有没有记得放回去呀？”

养成独立的个性　对依赖心重的孩子，父母可故意让孩子经历忘记带东西或掉东西后造成困扰和尴尬的场面，这样会让孩子注意自己的生活态度，过有规律的生活。

做孩子的榜样　孩子最会模仿父母的生活态度，如果父母也是经常忘东忘西，孩子可能会潜移默化受到影响。所以，父母或家人应做孩子的好榜样，从自己做起。

案例故事

孩子写作业拖拉怎么办？

案例故事一：我家儿子读二年级，他做作业实在太慢了，基本上放学回家就开始做，大多数时候做到十点、深夜一点还没有做完。起初我以为是老师布置的作业太多，但是问过其他家长之后发现，是我儿子动作太慢。他做得慢，我着急，他自己也因为休息得少，第二天上课注意力不集中，导致课堂上很多东西没有学懂，回家写作业就更耽误时间。其实，我感觉他也不是不会，也没有三心二意，一直都在写，就是特别慢。有什么好方法可以改变这种拖拉的习惯吗？

案例故事二：我的儿子今年十岁，读四年级。每天放学回家后，我都要盯着他写作业。他动作非常慢，常常要写到晚上八九点。如果让他自己在房间里写作业，他就会三心二意，常常拖到十点多不能睡觉。为了更方便盯着他写作业，我家饭桌就变成了他的书桌，家里所有的人在他写作业的时候都要保持安静，更不能看电视。他非常追求完美，就算是在草稿纸上演算，写错了也要用修正带贴住再继续；写作业一定按照题号来，不按先易后难的顺序。有什么办法可以改变他这种拖拖拉拉的毛病？

案例分析

小学生写作业拖拉是很多家长都会遇到的问题。首先，家长一定要放轻松，孩子的问题不是一天形成的，着急也没有用。孩子写作业拖拉有很多原因，比如基础差、注意力不集中、没有时间观念、条理性差、过于追求完美等等。但孩子在学习中所暴露的问题，从来都不只是学习上的问题，只是在学习上表现得更突出、更集中。

很多写作业拖拉的孩子在生活中也会很磨蹭，吃饭磨蹭，穿衣磨蹭，出门磨蹭……而家长面对孩子的各种磨蹭，一般先是讲道理，讲道理不听就会打骂，最后就变成了不打不行。

这样的家长多是控制型的家长，他们的心里都住着一个“理想小孩”，会时刻拿自己的孩子与“理想小孩”做对比，嘴里念叨着“必须这样，不能那样”，孩子在这样的环境中成长是非常压抑的。很多时候，孩子在学习上的消极表现是一种反抗，一种潜意识的反抗，越催越磨蹭，越打越不爱学习。

此外，家长过度干涉孩子写作业，孩子就会养成被催促的习惯，没人催或者催的次数少他就不做，做作业缺乏主动性，也没有自己的学习目标。家长不应该用外力（催促、责骂、强迫等）让孩子认真学习，而是要帮助他形成内在动力去面对学习，引导他找到学习的乐趣和成就感，启发他寻找并总结好的学习方法。

专家建议

面对拖拉的孩子，家长首先要从心底里接纳自己的孩子，看清孩子的优点与缺点，给孩子真正的爱。

其次，创设良好的做作业环境。要求孩子把与当天作业无关的东西全部收起来，避免分散注意力；把书包里边关于今天作业的所有材料全部拿出来，避免中途又去翻书包找东西，既花费时间，又分散注意力。在孩子写作业时，家长不要频繁检查进度，给孩子一定的自主权。

第三，培养孩子的时间观念。家长可以让孩子自己根据作业的多少规定完成作业的时间。如果孩子没能在时间内完成，不要批评；如果孩子在规定时间内完成了，一定要进行表扬，强化孩子对及时完成作业的好感；表扬之后，要鼓励孩子做得更快一些。

第四，善用鼓励。孩子不管多大，都是需要表扬和鼓励的。当孩子拖拉时，家长不要批评和催促，但是当孩子做得好时，立即给予鼓励，鼓励时一定要指出他的具体行为，比如“你今天花30分钟就完成了平时一小时才能完成的作业，效率提高了好多”或者“你找到了这种学习方法，提高了准确率又做得快，做得很好”。但是要避免一点：用贬低其他孩子的方式来肯定自己的孩子。家长可以承诺每天给孩子一朵小红花，但是得到小红花，需要孩子在规定时间内完成作业，且正确率要达到90%以上。如果孩子在规定时间内完成了，但正确率没有达到，可以得半朵，依次叠加。当小红花在一定时间内积累到一定数量时，比如五朵或十朵的时候，孩子可以要求家长做一件事；如果在规定时间内得不到某朵标准的小红花，家长可以要求孩子做一件事。让孩子知道家长与他是公平的，都享有权利和义务。

最后，家长应该帮助孩子明确为什么学习，引导孩子找到自己的理想，把理想当作人生目标，而不是用好大学、好工作来激励孩子。家长需要帮助孩子从学习中找到自我满足感、成就感。

另外，爱玩是孩子的天性，扼杀或阻碍这种天性的发展只会让孩子更不爱学习。家长可以和孩子约定，每天晚上九点洗漱上床，放学后先写作业，做完作业就可以玩到九点，写得越快玩得越久。

孩子在学习中遇到困难特别容易有挫败感，学习的兴趣就会降低。这时候家长需要做的不仅是教会孩子某道不会做的题目，更要帮助并启发孩子寻找学习方法。

任何习惯的养成都需要时间的累积，希望家长耐心一些，为孩子的每个细微的进步鼓掌，而不是只盯着他的缺点不放。

案例故事

小学生撒谎不写作业怎么办?

儿子下个学期就上四年级了，要进入小学阶段特别关键的一年，但是我感觉他有点厌学的倾向。一年级、二年级的时候课业压力不大，作业也少，在我的督促与陪伴下，孩子写作业还不是件多难的事儿。虽然他写作业不够专心，总是拖拖拉拉，但基本上可以完成。从他读三年级开始，我工作变忙，就不再陪他写作业，结果他开始偷懒不写作业，还学会了撒谎，回家就跟爷爷奶奶说他的作业在学校里已经做完了；在学校跟老师说作业忘记带了，作业泡水了……总之理由五花八门。刚开始我们批评教育他，他还能接受改正，后来他的态度就变得“无所谓”了。这样下去怎么办呢？

案例分析

孩子经常不写作业是一件令家长和老师头疼的事情。经常不写作业，课堂学习的内容得不到练习和巩固，孩子的学习成绩一定会受影响，孩子在同学心中的形象也会受到影响，久而久之被戴上差生的帽子，容易破罐子破摔，这对孩子的未来影响很大。

孩子不写作业的原因有很多，家长要注意和老师沟通，一起分析。有些孩子做作业时常左顾右盼，注意力不集中，做作业速度慢，作业一多就完成不了；有些孩子由于智力或其他一些原因有学习障碍，可是又不想方设法去解决，而是“遇到困难绕着走，绕不过去就不走”；有些孩子天性喜欢玩，管不住自己，做不到“做好作业再玩”；有些孩子没有养成良好的学习习惯，学习缺少计划性。

专家建议

按时完成作业是一种良好的学习习惯，家长需要培养孩子这一学习习惯。首先，家长要教会孩子如何进行分门别类的归纳。其次，家长要多给孩子一些鼓励与支持，限制是最不好的办法，要尽量用平等的沟通来谈心，来交流。家长辅导时，不要一会儿要求姿势，一会儿要求字体，这些都是误区。要在孩子休息的时候讲道理，正式地与孩子谈，不要几项并在一起，这样无形中延长了辅导时间与孩子完成家庭作业的时间。这种做法杂乱无章，重点不突出，孩子会无所适从，通常会引起很多“副作用”与“并发症”。对自觉性差的孩子，家长可以多花些时间指导，但随着孩子年龄的增长，时间要缩短。鼓励孩子自己检查作业，有错让孩子说说错在哪里，为什么会出错。这样可使孩子记住错误，以免下次再犯。教孩子不但要写好家庭作业，而且要养成检查的习惯。最后一步，就是简单地预习一下明天要学的内容，到这里家庭作业才算真正地全部完成了。遇上难题，家长指导时要注意分寸，可以采取分步法，即家长先给予提示，让孩子思考如何做；在孩子弄懂后，再出些类似的题目让他巩固。

家长千万不要小看这些小细节，良好习惯的养成需要漫长的过程，贵在每天的积累与坚持。家长千万不能心血来潮时就辅导一番，三分钟的热度过后就不闻不问，再或者是推给学校、老师或辅导班。

案例故事

孩子讨好同学以交换友谊怎么办？

女儿8岁，读二年级。她性格腼腆，但很容易与陌生孩子打成一片，相处和谐。我曾经以为这是她的性格优势，但是现在不这样认为了。我发现她有点儿讨好同学。我给她新买的荧光笔，她明明很喜欢，但是因为好朋友也很喜欢，她就把笔送给了人家；一群孩子一起玩，有的孩子想要她的玩具，她虽然不情愿，但还是交换了……类似的事情太多。这样委屈自己去讨好别人的做法让我非常心疼，我跟她讲过要有自己的原则和底线，但不管用。作为家长，我们该如何引导呢？

案例分析

孩子如果性格开朗，喜欢拿一些自己的东西和朋友分享，而在分享的过程中，孩子不需要回报，他的心情是愉悦和满足的，那么说明孩子分享之后得到的情感回应很充分，这并不是什么坏事。但如果孩子因为性格的原因，不知道怎么交朋友，为了维持朋友关系去选择一些手段——比如拿东西讨好朋友，以物换情，孩子其实是很痛苦的。他拿出心目中合理价值的物品，去交换相等价值的感情，往往是得到情感上的回应而不是物质上的，所以他认为不等值，觉得有损失，心理落差大。但是他找不到其他办法，觉得是不是给的东西不够，从而加重这一行为。在心理学上，我们把这种性格称为讨好型性格。

讨好型性格最主要的表现就是没有自信，太在乎他人，常常在与他人的交往过程中抬高别人、贬低自己，甚至为了取悦别人而牺牲自己的利益。讨好型性格的孩子，如果性格得不到改善，他们的生活会特别累。

孩子有讨好型性格，父母需要反思。一般来说，讨好型性格的形成是因为父母的控制欲太强。如果父母太强势，总想着使孩子按照自己的期望生活，而孩子为了让父母高兴，就会压抑自己的情绪与意愿，去按照父母的期望生活，活得没有自我。另外，父母本身就是讨好型性格，孩子很容易被影响，也变成讨好型性格。或者，在孩子0—3岁安全感的生成时期，父母的陪伴缺席，造成孩子缺乏安全感而敏感、自卑，为了融入别人的生活、获得安全感而去讨好别人。

专家建议

了解原因后，父母可以在以下几方面做出改变：

尊重孩子 尊重孩子不是讨好孩子、满足孩子，而是了解孩子的内在需求，把孩子当成一个独立的个体来对待，不拿孩子做比较，不在外人面前否定孩子。

坚持原则 原则不能因心情而变，原则就像墙，如果孩子推家里的墙，一推就倒，那么在这样的家里谁都没有安全感。

鼓励孩子 鼓励不同于表扬，鼓励看重的是过程，是孩子做某事付出的努力，鼓励孩子的细小进步、看到孩子为此付出的努力，孩子会很受鼓舞。

以身作则 如果父母有一方是讨好型性格，为了孩子的心理健康，家长要以身作则，改变自己的性格，让自己更自信，而不是一味地逃避认错，自怨自艾。

改变是急不得的。刚开始改变时，或许没有效果，或许更糟。当孩子慢慢感受到父母的改变是基于尊重他、鼓励他时，他会有好的改变的。

案例故事

孩子胆小怎么办?

我的女儿读小学二年级，性格内向、腼腆。她小的时候我们就感觉她不够大方，觉得可能是年纪小，等长大一点就好了。但是现在都快要8岁了，她依然胆小，去什么地方都要大人陪着，上课不敢举手，阿姨叔叔与她聊天，她也不敢回答。上周为了锻炼她，我们让她自己去超市购物，她和我在路边僵持了十多分钟，最后还是没有去。胆小的人会错失很多机会，她未来的发展会受到限制。到底怎样才能改变她这种胆小的性格呢?

案例分析

孩子的性格特点，排除遗传因素外，一般要追溯到孩子0—3岁的时期。因为，0—3岁是孩子对这个世界构建安全感的关键时期，孩子在这个时候不敢跟人打招呼，不敢自己玩，不敢跟别人玩都是正常现象。如果过了3岁还是这样，那么就是在3岁之前，孩子没有得到足够的安全感来抵抗外界所带来的不安。

当然，每个孩子都有其天生的气质，这主要来源于遗传。如果家里的人普遍比较敏感，孩子不善交际就可以理解。父母的观念很重要。没有一个人是完美的，虽然父母不能对孩子的缺点视而不见，但是至少不要过分放大这个缺点。不管孩子如何，父母都应该保持平常心，不骄不躁，学会欣赏孩子、接纳孩子。

孩子的性格特点与后天的成长环境和父母的抚养方式有关。父母可以回顾一下，在孩子0—3岁这个时期家庭的抚养氛围和方式。孩子的生活圈子是否太小？孩子是否经常被“圈养”而很少有机会与其他人接触？父母是否常常给孩子讲一些妖魔鬼怪的故事？教育孩子时是否过于严厉而很少鼓励？是否过于包办，宠溺孩子？如果这些问题的答案是肯定的，那么改变孩子胆小的问题就要从家庭教育出发了。

创设宽松的家庭氛围。对待胆小的孩子，创设一个“没有压力”的环境非常重要。不要硬逼孩子与其他孩子相处，他们更喜欢一对一交往；也不要强迫“胆小”的孩子当众表现，这会加剧孩子的紧张，孩子会以更多的沉默和拒绝来应对。

不要给孩子贴“标签”。父母千万不要给孩子扣上“没用”“胆小鬼”的帽子，一味指责只会更加打击本就自卑的他。当孩子的表现不如人意时，父母应当耐心予以安慰和鼓励。父母在尴尬的节骨眼上给孩子一个温暖坚定的眼神，他的信心才会慢慢增长。

多带孩子开展户外活动。多让孩子感受世界的美好，孩子自然容易消除不安。一旦感觉自己是安全的，孩子就会胆子大起来。在给孩子爱和鼓励的基础上，父母也可以多带孩子去“热闹”的地方“见世面”。在父母的陪伴下，孩子会更愿意敞开心扉。

给孩子树立一个好榜样。父母在孩子面前一定要表现出勇敢、坚强的一面，时间长了，耳濡目染，孩子也会变得更加坚强勇敢。在平时，父母可以给孩子讲一讲英雄故事，来鼓励孩子做个独立、坚强、勇敢的人。

总之，给孩子足够的爱，父母的爱才会让孩子有面对这个世界的勇气。

案例故事

孩子粗心怎么办?

孩子读三年级，期末考得还行，但是卷子拿回来一看我的气就不打一处来：出错的题是一些最简单最基本的题，甚至有的题他看漏了没有做。我让他重新做，他都能做对。最可气的是后面的大题，明明思路、方法都对，最后他就是算错了，功亏一篑。其实，他平时做作业时我也发现了他粗心的问题，我苦口婆心当“陪练”，拿起棍子当“教练”，他还是没能改掉这个毛病。问题到底出在哪里？有什么方法能让孩子克服粗心的毛病呢？

案例分析

研究表明，粗心与注意力、视知觉能力、思维能力、知识点掌握程度及孩子的个性等有密切的关系：注意力差的孩子，在视知觉把接收到的信息传递到大脑进行分析时，信息会受到干扰，就容易出现错误、遗漏或遗失，从而导致粗心的问题出现；知识点掌握得不牢固，方法没有理解，知识不成体系也是造成粗心的原因。

专家建议

在生活中要有意识地培养孩子做事的习惯，同时迁移到学习中，这样才能够有效地减少各种粗心现象。要培养孩子的责任心，在家里可以给孩子安排一些力所能及的劳动，让他负责扫地、洗碗或者洗自己的袜子之类，干好了给予鼓励或奖励，干不好不能迁就，应该要求孩子重来一遍，直至干好。

如果孩子生活在杂乱无章的家庭中，没有稳定的作息习惯，就会养成粗心、马虎、无序的生活习惯。建议家长过有序的生活，做什么事情都尽量有规律，不要打破“陈规”，如家里的摆放要整齐，有固定的地点。

训练集中精力做事，一心一意，一次只干一件事。孩子在学习时，家长不要在一旁看电视或者打麻将干扰孩子，更不能允许孩子在电视节目或者手机音乐的陪伴下写作业，这样久而久之会养成一心二用的不良习惯。

要针对孩子的情况进行训练。比如对视知觉能力的培养，可以通过找不同的数、找相反数，辨别相似字母、图形，逐级增加难度，帮助孩子提升视知觉能力。孩子在改正粗心的毛病时会有反复，做家长的千万急不得。千万不要打骂孩子，因为打骂反而会强化孩子粗心的习惯。只有足够的耐心，才能够通过改变孩子的行为来改变他的习惯，以至于最后改变个性。

案例故事

9岁孩子特别懒怎么办？

我的儿子读三年级，什么都好，就是很懒惰。因为只有这一个孩子，我们做父母的又经常不在他身边，所以我们对他的要求能满足就满足。可能是这个原因，造成他生活自理能力非常差，学习上他也是能偷懒就偷懒。老师布置背诵课文三段，他跟我们说背诵两段，背不出来也不愿意多读几遍；老师要求摘抄好词好句，他就找那种很短的句子，根本不管优不优美；作业做一会儿他就要休息一下，直喊累……类似的事情很多，我都不知道怎么办。有什么办法能让他变得勤快吗？

案例分析

懒惰是一种好逸恶劳、不思进取、缺乏责任心、缺乏时间观念的心理表现，小学生在生活和学习上的懒惰性表现得更为突出。我们身边不乏这类懒孩子：老师布置的作业，故意漏掉几道题不做；作文一到800字就停笔；数学作业没有步骤只写答案……一般来说，这类懒孩子在学习上很难有大的突破，在生活上也拖拖拉拉、得过且过。

为什么孩子这么懒惰，表现出对生活和学习不感兴趣？原因是多方面的。现在大多数家庭只有一个孩子，六个成年人围着一个孩子转，对孩子过分溺爱，造成孩子依赖性重；有的家长本身也缺乏时间观念，孩子有样学样，形成了懒惰的习惯；还有一个重要的原因是孩子缺乏内驱力，只靠外驱力推动，一旦缺乏有效的奖惩机制，孩子就很容易放松对自我的要求。

内驱力是“我想做，我喜欢做，我相信自己可以做到”。有了内驱力，无论有没有外在奖惩，一个人都能保持高度的热情，积极投入自己要做的事情中且不会轻言放弃，这就是强大的内心力量。

专家建议

激发孩子的内驱力是家长必须做的，需要从以下三点入手：

一是让孩子体会“我能做到”。家长要相信孩子的能力，不断地给孩子创造锻炼的机会。可以让孩子做简单的家务，让孩子从日常小事中获得成功的经验，增强自信。当孩子做成一件事时，家长要及时赞美和鼓励孩子，将“你能行”挂在嘴边，给予孩子具体的表扬，让孩子明白自己哪里做得好、好在哪里。

二是让孩子体会“无条件的爱”。很多家长过多侧重于给孩子物质上的满足，缺乏与孩子心灵的沟通。家长应当多与孩子交流，参与孩子的成长。例如睡前给孩子讲故事、读绘本，周末一起爬山、踏青等，都是增强孩子归属感的好方法。当孩子做错事，家长应给予孩子包容，让孩子感受到父母无条件的爱，他的内心深处才会拥有力量。

三是让孩子体会“我的事情我做主”。孩子感觉自己是在别人的控制下做事情，积极性就会打消很多。“再不写作业晚上不让你看电视”“我数到三，不乖乖去睡觉我就让爸爸来教训你”，这些言语会让孩子感到威胁和控制，从而降低自主感。家长可以与孩子沟通，适当“放权”，让孩子在引导下而非威胁下自觉做事情。

案例故事

三年级孩子逆反心重怎么办？

我的儿子上三年级，最近他学习态度不好，越来越不听劝告，比如提醒他注意速度、不要磨蹭，他就会更磨蹭；提醒他写字时坐直保护眼睛，可是你这边刚说完没一分钟他就又趴下了；提醒他写字工整，可发现他的作业越来越潦草……我是什么道理都跟他讲过了，他都可以背出来了，就是不改。前段时间因为他不听劝告，我实在忍不住，打了他一次。我也曾经冷处理过，两天没理他，最后他哭着喊着让我管他，可回头又变回去了。我真不知道该怎么办才好。

案例分析

孩子慢慢地长大，会有自己的主见，会不愿意跟父母沟通交流，这时候就是孩子进入逆反期了。这是每个孩子都要经历的阶段，只是程度不同罢了。可怕的并不是逆反期，而是对待逆反期孩子的态度。注意与孩子沟通的技巧，可以帮助孩子顺利度过逆反期。

专家建议

相互之间的理解和信任是父母与孩子进行交流和沟通最重要的前提条件。父母应避免对孩子的行为进行过多的限制，应尊重孩子，以朋友的身份平等地对待孩子，给孩子一定的空间去自由探索，让孩子感受到被了解、被接纳、被理解，这是从源头上治理逆反心理和反抗行为的办法。父母要站在孩子的立场去想问题、考虑问题、处理问题，同时也让孩子体验一下做父母的难处，角色互换就很容易赢得相互的理解和信任。不妨试试和孩子轮流做家长，负责整个家庭某一段时间的日常事务，让孩子体验一把做家长的感觉。

当孩子对父母产生强烈的逆反心理时，他会故意做一些事情来气父母，目的是激怒父母。如果父母被孩子牵着鼻子走，就会陷入非常被动的局面，使亲子关系陷入僵局。但是父母出乎意料地接受了他的行为，平静地接受他的反抗情绪，孩子就会感觉一拳打到棉花上，使不出力，从而转变态度，与父母沟通。

批评孩子要就事论事，不算旧账，不对孩子发出过多的指令。沟通的问题要具体化。家长有一种习惯就是容易语重心长，但是说出的话特别空洞。比如“你可得努力学习”，这种语言表达是无益的。因为这些话缺乏明显的可操作性，孩子把握不住，反倒造成心理上的紧张焦虑。积极的方式是以一种具体的问话，通过鼓励的方式渐进式与孩子沟通，这样比较容易调动孩子的积极性，而且能够把握住孩子思考、行动的方向。

最重要的一点是，父母一定要严于律己，在孩子的心目中树立一个良好的形象，要让孩子感觉到自己的父母是最棒的，并为有这样的父母而自豪。这就给父母与孩子进行正常的交流和沟通奠定了一个良好的基础。父母不要把工作和夫妻间的压力发泄到孩子身上，不要随便对孩子发脾气，不要喜怒无常，要学会控制自己的情绪。如果父母自身在情绪处理上有问题，先要解决好这个问题。

案例故事

小学生嫉妒心强怎么办?

我的女儿读小学三年级，比较要强。这种性格让她从小比较独立，不管是生活还是学习，我都不用太操心。但是最近，我发现她心理上发生了一些变化，要强的性格让她的嫉妒心变得很重。如果别人比她做得好，得到老师或者同学的表扬，她就会露出不屑的表情，说“有什么了不起”，显得特别不服气。这次竞选班干部，她的好朋友当选了，她落选了，我发现她有意识地疏远了好朋友。据老师反映，她还偷偷地在好朋友的作业上乱写乱画。我和她沟通，她否认了我的想法。这样下去肯定不行，要怎样引导呢?

案例分析

嫉妒是一种较常见的心理现象，是自私心理的表现，它会破坏人与人之间的关系。在这种心理的支配下，一个人看到别人在成绩、地位、才能等方面超过自己时，便产生一种苦恼、怨恨甚至敌视的心理，总不想让别人进步或成功，而自己又不肯付出艰辛和努力，便指望通过别人的失误以达到自己的目的。有些时候，嫉妒会促使人用恶劣的手段排解心中的不满，既伤害自己，又危害他人。

专家建议

小学生心智发育不成熟，容易受社会的不良风气、错误的竞争意识等因素影响，产生嫉妒心理。孩子嫉妒别人，闹情绪，往往会让家长担心，那么如何消除孩子的嫉妒心理呢？

给孩子安全感。嫉妒心的产生很大程度上是因为家长或老师错误的暗示，家长要让孩子知道，爱是无条件的，要告诉孩子："爸爸妈妈爱你，因为你是我们的孩子。"家长爱的是孩子本身，而不是孩子的成功，这样才能帮孩子在内心建立信任感，孩子才不会为了讨好家长而做出某种行为，也不会为了成功才去参与。

帮孩子认识自己的情绪。当不愉快的事情发生后，家长需要先帮孩子冷静下来，理清自己的情绪。接下来，要帮助孩子接纳自己的各种情绪。一般来说，冷静下来的孩子都会意识到自己的冲动之举欠妥，这时，家长要给他一个台阶，帮他走出困窘。孩子感受到家长的爱和支持，他才会带着新的目光去寻找别人的优点。

鼓励孩子超越自我。家长首先要克制自己，不要经常拿孩子与别人比较，总和别人比较会让孩子觉得自己一定得强过别人才有资格得到家长的爱。所以，家长必须让孩子明白，他自己的努力和进步最重要，爸爸妈妈可以陪他庆祝每一次成功，也会陪他走过每一次低谷，家长最期待的是他自己积极努力。

引导孩子和自己比较。家长可以鼓励孩子和自己比较，拿这一次的表现和上一次做比较，当家长鼓励孩子挑战自我、超越自我时，孩子往往会做得更好，这有利于孩子自我价值感的发展。因为和自己做比较，关注点就会落在进步上，而不是一定要比别人强。

爱玩、爱参与、爱尝试是孩子的天性，家长一定要珍视这一内部动机，鼓励孩子的参与，夸奖孩子的每一次参与，这样才有利于孩子形成积极、正面的竞争心理。

案例故事

小学生害怕老师提问怎么办？

我的儿子上四年级，性格乖巧懂事，不大喜欢说话。他的数学成绩一向还不错，但是这学期开学没多久的一次测试，他的成绩下滑得有点厉害。为了帮他提高，数学老师和我们沟通后，上课时会特意叫他回答问题。可是儿子说他特别怕老师叫他，说他现在上数学课特别紧张，有时候会紧张到尿急，不得不在上课期间上厕所，这样的情况已经持续了一周时间。我知道老师是为了孩子好，我们要怎样帮孩子克服这种紧张情绪呢？

案例分析

要帮孩子克服这种紧张情绪，就要先搞清楚孩子为什么紧张。这位家长描述自己的孩子“性格乖巧懂事，不大喜欢说话”，看起来是个性格内向、不善于表达自己的孩子。这种类型的孩子大多不太乐于表现自己，所以在课堂上可能比较抗拒老师的提问。

当然，孩子如果真的因为问题太难而不会回答，担心老师提问也是情有可原的。不是每个孩子都能完全消化老师所讲的知识，而且随着学习难度的增加，老师提的问题可能孩子真的答不出来。但大多数时候，孩子害怕老师提问，是怕答错之后被老师惩罚或者被同学嘲笑。追根究底，这是面子问题。

当家长发现孩子对老师有抵触情绪时，首先要给孩子创造一种宽松的、自由的发表意见的氛围，使孩子毫不隐瞒地讲清楚怕老师提问的原因和自己回答问题时的心情。

家长在听孩子陈述的时候，要冷静分析孩子产生紧张情绪的主要原因，并采取适宜的方法予以解决。家长可以从以下方面进行指导：在日常生活中，引导孩子表达自己的观点和想法。内向的孩子话不多，但其实心中很有主见。家长不仅要多鼓励孩子表达自己的想法，也要多鼓励孩子在公开场合展示自己。必要的时候，家长可以以身作则，为孩子做出表率。家长可以和孩子在家里模拟训练，如在帮助孩子温习功课时，家长可以学老师提问题，但是形式不要过于呆板，要让孩子觉得回答问题是一种乐趣，同时培养孩子接受失败的承受力。

让孩子正确看待同学的“嘲笑”。告诉孩子，很多同学的笑是善意的，并没有嘲讽的含义，而且不是每个孩子都有幽默基因，能够引全班人发笑，这也是一项不一般的能力。

家长最好与老师深入沟通一次。老师也要了解孩子在家中的行为，这对家长和老师共同教育孩子是非常重要的。可以请老师先提一些较简单的问题，孩子答对了，多多给予鼓励；错了，不要直接否定，帮助他克服障碍。

总之，家长和老师要给予孩子积极的引导，培养孩子回答问题的兴趣。

案例故事

孩子考试没考好，家长该怎么办?

我家孩子读四年级，学习方面一直挺让我们和老师放心，学习积极性高、自觉、认真，成绩一直排在班里前五名。这学期期中考试，她因为数学考试失误，失落了很久，决心期末考试赶上。没想到，越想考好越考不好，期末考试时她说数学又没考好。我和她爸爸没控制好情绪，说了她一通。她这几天都有点闷闷不乐，饭也不怎么吃。跟她谈话，感觉她对数学失去了信心，总觉得以后都学不好了。我们家长应该如何引导她呢?

案例分析

望子成龙、望女成凤，家长在乎孩子的考试成绩在情理之中。但是并不是家长越关注，孩子的成绩就会越理想。当孩子的成绩没有达到家长的期望时，家长就不淡定了，轻则训诫，重则大打出手，但往往这样做效果并不好。孩子没考好，家长最应该做的是让自己冷静下来，和孩子一起找原因，制订提升计划并且落实下去。

这位小女孩应该是一个自我要求很高的孩子。因为学习向来很好，家长和老师自然对她的期望很高，这让她小小的内心承受了巨大的压力，她担心考不好会让老师、家长失望。在巨大的压力和焦虑的影响下，孩子很难发挥正常。

要帮助孩子调整好状态，投入新一轮的学习，必须打开孩子的心结。先要淡化成绩，找到“症结”。只盯着分数责备孩子并没有什么作用，坐下来帮孩子一起找到考试失利的原因才是重点。考试没考好的原因有很多，我们不仅要横向比较（看看自己孩子和同班同学的差距，可以请班主任或班级授课老师帮忙，问问自己孩子的不足和以后应该注意的事项），还要纵向比较（比较孩子在不同阶段的差异，看看孩子是不是碰到了什么不愿与大人沟通的事情），这项工作需要家长私下完成。然后分析试卷，查漏补缺。做试卷分析时，家长首先要分析孩子哪科发挥正常，哪科发挥不正常；哪科是强项，哪科是弱项，然后把重点放在孩子能做、会做、应会、应得但丢了分的题上面。要找到失分原因，找到改进的方向。

找到不足之处后，家长帮助、引导孩子制订弥补弱项的学习方案和方法。家长最好不要针对孩子的考试成绩设立奖惩，否则只会增加孩子对考试的恐惧感。如果家长在孩子考试失利后不是严厉批评，而是引导孩子放松心情、树立信心，孩子下次考试就不会紧张了。除此之外，家长还应帮助孩子总结应试技巧。

最后提醒各位家长，千万不要拿自己的孩子和别人家的孩子比。每个孩子的学习方法、学习习惯、家庭环境、家长教育模式不一样，成绩自然有好有差。如果一味拿自己的孩子和别人家的比，这对孩子不公平，也会打击孩子的自信心，甚至造成孩子自卑、懦弱的性格。

案例故事

老师换了，孩子不适应怎么办？

我的女儿读四年级，上学期期末就知道这学期要换班主任，但是没想到她会这么不适应。女儿原来的班主任是位资深教师，很有耐心，也有亲和力，和班上的孩子相处得很好。新换的老师年轻干练，认真负责，但是女儿就是接受不了，开学报到看到新的班主任，回来就说新老师有点凶。这两个月下来，孩子学习兴致不高，成绩也有些下滑。我本来觉得没什么，但是班上有些家长也反映孩子不接受新班主任，我就被影响了，变得特别焦虑。我该怎么办呢？

案例分析

小学中途换老师，原因有很多：可能是低年级向高年级转换，需要更有专长的老师；可能是教师流动；也有可能是教师个人原因，比如休产假、病假或者离职。不管出于什么原因的变动，家长首先要相信学校会帮助孩子们顺利适应新老师。很多家长认为，班主任老师一直跟着班级走，能减少师生间熟悉的过程、便于班级管理，是好事，但其实也有弊端。每位老师脾性不同，擅长的方面不同，沟通方式和授课特色也不同。小学6年，如果孩子只接触了一个班主任，那么孩子的发展就会比较局限。

专家建议

从幼儿园到大学，孩子在接受教育的过程中会遇到许多老师，其中必然有他喜欢的，也有他不接受的。成年人能够适当地调整自己的情绪，但孩子做不到，如果因为不喜欢老师而影响学习就太可惜了。如果孩子对老师产生抵触心理，家长可以这样做：耐心倾听，尊重孩子的看法。孩子产生情绪必然有原因，家长应该给孩子一个相对宽松、自由的氛围让孩子发表自己的看法。适当的发泄可以平衡心态，同时，从孩子的倾诉中，家长可以了解到孩子不能接受老师的真正原因。在孩子有情绪的时候，家长千万不能也有情绪，这样孩子会理所当然地认为自己的判断和家长是一致的，老师就是不好。

家长应在孩子情绪相对稳定时，对孩子进行疏导，消除他的不良情绪，使学习生活恢复正常。家长要让孩子知道，在学习的道路上会遇到很多老师，每一个老师都是不一样的，适应不同教学风格的老师是一种能力；用实例尽可能地美化新老师，树立新老师在孩子心中的地位；同时，不失时机地让孩子明白：老师是爱你的，只是表达方式不同而已。

家长要积极沟通，配合老师的工作。家庭教育与学校教育相辅相成，所以，主动地、心平气和地与老师沟通很重要。找一个适当的时候，让新老师知道孩子的不良情绪，这样不仅可以帮助老师调整自己的教学方式，也便于家长更全面地了解老师的教育理念，从而整合出最适合自己孩子的教育方法。

案例故事

小学生拿压岁钱充值游戏怎么办？

我儿子11岁，读小学五年级，最近迷上了手机游戏《王者荣耀》，他不到一个月就把过年收的3 000多元压岁钱全部充值到游戏里去了。

为了培养孩子的财商，在他三年级时我们就给他开了银行账户，让他自己管理压岁钱和零用钱。他一直都还管理得比较好，就是最近迷上游戏之后开始乱花钱了。我们也想过把他的手机没收了，但是有时候接送他需要联系，老师的很多作业也需要借助手机接收通知。劝也劝了，罚也罚了，还有别的办法吗？

案例分析

孩子有两个“问题”困扰着上面的家长：一个是沉迷游戏，另一个是乱花钱。关于孩子沉迷游戏，贪玩是人的天性，孩子天生就爱玩游戏。科学研究表明，相对于暴力游戏，有娱乐性与教育性的网络游戏对孩子的影响是积极的，对其社交与心理都是有利的热身。但如果孩子“整天打游戏”，家长应该批评管教。家长可以采用温和理性一点的方式，这样更能打动孩子，更有效。

专家建议

家长首先要找到孩子沉迷游戏的原因，是因为精神空虚，通过网络来寻找寄托；还是因为学习压力过大、负担太重，而家长又疏于关爱和理解；抑或孩子认为自己是现实中的失败者，而通过网络找回自信。

建议家长在找到原因后，与孩子一起就游戏这个话题深入交流一次，可以以家庭会议的形式进行，共同讨论如何使用电子产品玩游戏，一起制定使用规则，比如每天固定在什么时间可以玩，玩多少分钟，由谁来监控，到时间一定要关闭；如果没有遵守规则，则第二天不能再玩等等。同时，家长也可以和孩子共同商议，在不能玩游戏的时候，如果无聊，还可以通过哪些方式打发时间，比如阅读、运动、听音乐等，一定要是孩子真正喜欢的方式。也希望家长可以多关心孩子，多陪孩子开展一些亲子活动，这样孩子才能真正从游戏中走出来。

关于孩子乱花钱。孩子的压岁钱“得来全不费工夫”，当然想花就花，没有节制。之前管理得很好是因为孩子还没有找到让他特别想花钱的地方，沉迷游戏正好为他提供了一个理由。

家长为孩子开办银行账户，让孩子自己管理压岁钱，这是一个不错的教育机会。家长可以鼓励孩子记账，做出花钱预算和月底结算，家长定期做财务审核，让孩子知道自己的钱都花在了什么地方。家长还可以帮助孩子定一个储蓄目标，达到目标后，可以适当奖励孩子。一定要让孩子体会到赚钱的辛苦，除了压岁钱外，孩子平时的零用钱可以通过帮助“家庭工作”来赚取，但是家务活不在“家庭工作”之列，家务活是孩子作为家庭成员应尽的义务。

案例故事

孩子物质欲望太强怎么办？

家里有一个读五年级的女儿，我感觉她越长大越不懂事。她想要什么东西我都必须买给她，否则她就会哭闹或者耍脾气。上个月，她看到同学穿了一双鞋子很漂亮，让我也给她买，那双鞋子要一千元，我觉得孩子脚长得快，没必要穿这么贵的鞋，就没同意。结果她非常生气，和我闹了几天的别扭。前两天，她又看上了一个洋娃娃，加上衣服、饰品要价八九百元，我觉得太贵，当时就拒绝了她。结果她说我不爱她，又哭又闹。我就这一个女儿，我家收入还不错，我也不想让女儿在物质上有匮乏感，只是担心女儿会被惯坏。我到底应该怎么做？

案例分析

大多数父母都希望给予孩子“最好的”，不想让孩子受委屈，所以，竭尽全力去满足孩子的物质要求。“尽自己所能满足孩子的要求”成了父母对自己的要求和对孩子表达爱的方式。可是，这样的理念真的值得提倡吗？

老话说的好，过犹不及。过度地满足孩子对物质的要求，是害，不是爱。不乏类似的例子，父母没有底线一味地满足，最终让孩子成为一个极端自私的人，对父母不理解，对社会不满意。

有些父母之所以无法拒绝孩子的要求，是因为内心深处渴望得到孩子的认同，想要和孩子“关系好”；有些父母想要满足孩子的一切要求，是因为图省事，直接满足孩子能很快“息事宁人”……但是，再有钱的父母，也不可能满足孩子的所有愿望，孩子总是会遇到一些想要而得不到的东西，会产生巨大的失望、沮丧和挫败感。

专家建议

到底该不该满足孩子的物质欲望？又如何把握满足与不满足的度呢？父母要充分满足孩子的情感欲望，选择性或者延迟满足孩子的物质欲望。

首先，分清孩子是“需要”还是“想要”。一双舒适的鞋子是孩子所“需要”的，但昂贵的名牌鞋子就属于“想要”的了。如果家庭经济条件允许，那么，为孩子提供他所需要的是父母的责任，至于孩子想要的东西，则要根据家庭的经济状况来做决定。但是，适当满足孩子的“想要”很有必要，同时，父母也要让孩子懂得，他想要的东西并不是总能得到，也不是理所应当必须得到的。

其次，要满足孩子更深层次的精神需求。孩子很多强烈的物质欲望背后，隐藏着更深层次的精神需要。如果仅仅是满足孩子的物质要求，忽视孩子的精神诉求，孩子只会越来越“欲求不满”。如果孩子缺的是关注和爱，父母就应该与孩子建立更亲密的联结。

最后，教会孩子接纳自己的情绪。父母拒绝了孩子的要求之后，孩子哭闹、不甘心，都很正常。每个人在被拒绝的时候，心里都会有情绪产生。如果父母因此而妥协，那么，这种行为模式就会成为孩子用来控制父母的工具。当孩子在抒发情绪的时候，父母不要急于指责孩子或哄他开心，等孩子冷静之后再与他沟通，告诉他这个要求为什么不能得到满足，帮助孩子学会管理自己的欲望，以及在遇到类似“不可得”的情境时如何控制自己的情绪。

案例故事

小学生离家出走怎么办？

我的儿子10岁，读四年级，最近感觉他进入青春期了，性格越来越叛逆。进入小学高段之后，课业负担加重，但是他思想上并没有重视。前两天，他又是鬼画符一样写完作业去玩手机，我说了他几句，没收了手机。正好他爸爸回家了，也批评他。他不但没有认识到错误，还顶撞了爸爸，爸爸动手打了他。结果，他一气之下离家出走。当时已经晚上9点多，我找到他时幸好他还没有走出小区，没有发生危险。我担心他以后还会出走，怎么办呢？

案例分析

小学生离家出走的现象如今并不少见。特别是一些男孩子，容易产生离家出走的行为，有些男孩子在一年里会数次离家出走，少则一至两天，多则十天半月。孩子离家出走，不但会给家庭带来极大的痛苦，还会严重地影响他的学习和身心健康。在离家出走时，孩子容易受到引诱和伤害，更甚者会走上犯罪的道路。

在大人看来，孩子是因为各种微不足道的小事而选择离家出走，往往会责怪孩子不懂事，却忽略了自己的问题。其实，孩子出现问题，父母最应该从自身出发，从自己的言行举止中寻找原因。家庭关系不良，父母之间因沟通不畅而经常争吵，教育孩子的方式简单粗暴，过分溺爱等等都会让孩子感受不到家庭的温暖。再加之孩子课业负担重，父母望子成龙心切而追求分数，过高的要求和期望压在孩子身上，使孩子产生厌烦心理，想离父母远些。当然，10岁的孩子已经进入青春期，孩子想证明自己的能力、想独立或寻求刺激和冒险，往往会在冲动之下离家出走。

专家建议

孩子离家出走是个信号，父母应该深刻反思自己的教育方式并且尝试改变。

家庭要有爱。青春期孩子的情绪起伏大，家庭的稳定就尤为重要。父母要深知自己教育和培养子女的责任，应该营造一种温暖和气的家庭氛围，避免激烈的争吵，给孩子一个宽松、和谐、健康的家庭环境和学习氛围。感受到家庭的温暖，孩子也就不会一气之下离家出走了。

以沟通代替说教。父母与青春期孩子对话，最好避免生硬的说教。这个时期的孩子内心渴望长大、独立、平等，所以，父母要尽量把孩子当作朋友，充分尊重他们的各种权利，不能再采取极端严厉或是放纵的方式，当然更不应高高在上，用极端的方式让孩子屈服、让步。

关注孩子的心理变化。青春期孩子的内心是非常敏感的，遇到与孩子有关的事情，父母一定要多同孩子商量，对他们少一些限制，多一些肯定、鼓励和支持，以显示他们在家中的重要地位，让他们对家有一种归属感和安全感，孩子就不会轻易地离家出走。

没有孩子真心想离家出走，更没有孩子不需要父母的爱护，希望多关心孩子内心真正的诉求，用更加科学的方式与孩子交流。

案例故事

小学生想当“网红”怎么办?

我的女儿读小学五年级，曾经乖巧的她想当“网红”，这遭到我和她爸爸的坚决反对，她就和我们打起了冷战。去年，在她的强烈要求下，我们给她购买了一部手机。她的自控能力还可以，所以我和她爸爸只是和她约定，使用手机时爸爸妈妈要在场。我们知道她有小视频账号，也知道她喜欢录小视频，但是没想到她会因为这个想当“网红”。据老师说，她在学校都练习小视频里的歌曲和舞蹈。长此以往，我们真怕她的人生之路会走偏。我们该如何引导她呢?

案例分析

社会在发展，孩子的理想也在变化。20世纪90年代，问孩子理想是什么，“科学家”几乎是标准答案，而如今，孩子通过网络和媒体接触到的东西五花八门，理想当“网红”也就有了它的“合理性”。据了解，在“00后”中，怀揣着“网红”理想的孩子不少。对孩子的这种理想，家长首先要了解孩子产生这种想法的原因。

专家建议

按照正常的生长发育规律，孩子在六七岁以后开始渐渐拥有清晰的自我意识，这种意识在青春期达到顶峰。此时的孩子都迫切需要被接纳与被认可，他们会按照最先接触的和接触最多的审美标准来调整自己。如果一个孩子每天接触的都是短视频中的“网红”，那么孩子想成为“网红”便容易理解。

首先家长不能简单地反对，而应该试着和孩子沟通。如果孩子羡慕“网红”不用“工作”就可以有大把收入的生活状态，家长需要和孩子一起去了解并让孩子知道“网红”的背后也有很多不为人知的努力。如果孩子羡慕“网红”可以获得更多的关注，那么可能是因为孩子在生活中缺乏关注，家长需要帮孩子树立自信。如果孩子是真心喜欢表演，家长则应该鼓励孩子发展自己，并且更加重视孩子良好学习习惯的培养，让孩子有学习钻研精神，充实自己、丰富自己。

其次，家长可以帮助孩子拓宽视野。人生活在世界上，可以有各种各样的生活模式，绝不只有“网红”这一种。孩子年纪越小，家长给他们展示的世界对他们的影响力就越大。孩子追捧“网红”，无非是因为“网红”在他们第一次拥有自由意志、推开人生大门的时候，是最方便接触也容易接受的。家长与其一味地围追堵截，不如为孩子的世界多推开一些认识美、了解美的窗口。

最后，家长需要做好表率作用。家长是孩子的镜子，家长在痛心疾首地说“救救孩子”时，事实上能救孩子的只有家长自己。家长做好榜样，长此以往，孩子也有能力区分“网红”的哪些行为是不应该学习的，哪些行为是值得倡导的。

孩子想当“网红”并不可怕，只要家长能及时、正确地引导，“网红”也可能会成为孩子成长路上的助推剂，更好地激发孩子的上进心。

案例故事

如何教育女孩保护自己？

我最近看了一部讲述女童被性侵的纪录片，沉浸其中不能自拔。因为我也有个女儿，今年8岁，所以特别担心这样的事情发生。纪录片里讲到，很多的性侵案件都是熟人作案，有些是孩子的邻居、老师，还有很多是孩子的亲戚、经常往来的人。在我们眼里，孩子是特别纯洁、天真的，对熟悉的人，他们一点儿警惕心也没有。我们要怎样教育孩子提高防范意识，又不至于让他们对亲人失去信任呢？

案例分析

性侵，一个沉重的话题，对于家有小宝贝的家庭来说，或许很难开启这方面的安全教育。但是，曾有新闻报道，中国约70%性侵儿童案的作案者是教师、邻居、家庭成员等熟人，大多数受害者在7—14岁之间，这个年龄段里超过40%的孩子不清楚哪些部位是隐私部位。

专家建议

作为孩子第一保护人的父母，不该避讳未来可能遇到的任何问题，从小培养孩子保护身体的意识，十分必要。有一些原则需要提前告诉孩子：凡背心裤衩覆盖的地方不许别人碰；对不当或不舒服的身体接触，要勇敢说不；外出避开荒僻陌生地；上学、放学要由家长接送，如没有大人陪伴，出门要结伴而行；不和陌生人搭腔；外出随时告知父母，不夜宿他家；不单独和男子会面，尤其是在家里；不喝、不吃陌生人给的饮料或食物；独自在家时要锁门。

还要告诉孩子正确客观的信息，比如任何人都可能是性侵坏人，可能是亲戚、父母的朋友、邻居、学校老师等，但是，坏人只是极少数人。教会孩子辨别好的接触和不好的接触。生活中我们会通过动作表达亲密，比如拥抱、拍肩膀、抚摸头等动作，都是表达疼爱或鼓励的动作，这是良好的身体接触；而一些人拿自己身体的隐私部位与孩子的隐私部位反复触摸和摩擦，同时避开父母的视线，这就是不好的接触。一旦孩子受到这些触摸，就要想办法离开这个人，并把事情告诉父母。

除了爸爸、妈妈之外，家里、家外还有哪些人是孩子确定可以相信的人？帮助孩子一起把他们的名单列出来。告诉孩子，当他需要帮助的时候，可以向谁打电话求助。平时一定要让孩子记住爸爸、妈妈或者其他可以寻求帮助的人的电话号码。

绘本故事可以帮助孩子了解自己，学会防范。比如，《我的故事》教孩子了解自己的身体和隐私；《不要随便摸我》帮孩子学习保护自己的方法；《胆小鬼威利》帮孩子找到勇气，学会独立；《儿童安全365》从孩子的视角说明了遇到陌生人、上学、一个人在家和外出游玩等不同情况下需要注意的安全问题以及应对措施。教给孩子，一旦发生危险或遭遇袭击的时候，尽可能大声呼救，制造动静，给对方施加心理压力；一旦脱身，及时向警察或者路人求助。

最后，父母一定要告诉孩子："遇到伤害不是你的错。父母永远是你坚定的保护者，一定要在第一时间告诉父母。"这样避免孩子过早承担巨大压力而成为永久的痛。

案例故事

怎样帮助孩子理解“死亡”的含义？

我的小孩读一年级，最近因为爷爷突然去世，他发现人老了会死，非常害怕这个问题，整个人跟泄了气的皮球一样。再加上前几天，他爸爸的一个朋友也因为疾病去世，他就更加害怕了。他问人死了以后会不会再有一个“他”，问爸爸妈妈会不会死，他的爸爸很直接、真实地回答了他，他整个人都崩溃了，大哭。我不知道该怎么告诉他“死亡”的意义，才会让他不那么害怕。

案例分析

“死亡”“去世”这样的词一直是中国父母所忌讳的，很难见到父母能够坦然地与孩子讨论死亡，甚至很难见到父母带着孩子去送去世老人的最后一程。可是孩子一天天长大，死亡是个无法逃避的话题。孩子在4岁左右就会产生死亡的概念，如果没有正确理解和认识死亡，孩子很有可能会对“死亡”产生过分的恐惧，或认为死亡是件幸福的事情，从而出现模仿等行为，甚至可能会影响孩子的一生。

专家建议

关于死亡，过分渲染或避重就轻都不可取，要结合孩子的年龄、性格类型来教育。个性内向、敏感的孩子，父母应该委婉一些；活泼外向的孩子，可以适当放开。婴幼儿（0—4岁）对死亡没有概念，和这个阶段的孩子谈论死亡，父母可以用一些比喻、拟人的方法解释，比如玩具坏了，没法恢复了，就是死亡了，让他们对死亡有个粗浅的认识。幼儿园（4—7岁）阶段的孩子，父母要告诉孩子，死亡是一件很危险的事，并培养孩子的安全意识，这是非常重要的。上了小学（7—13岁）的孩子，已经具备一定的独立性，父母应该让孩子以科学的眼光来看待这件事。

孩子面对亲人去世会表现出一些悲伤情绪。其实这种悲伤可能是父母传递到孩子心中的，父母对死亡的恐惧感和对亲情丧失的悲痛在孩子面前没有收敛和控制，把无助和惶恐毫无保留地传递给了孩子，孩子就会觉得死亡是特别大的事情，是无法接受的，进而充满了绝望、无助和恐惧。面对亲人去世，父母首先应尽量在孩子面前收敛、控制悲伤情绪。如果孩子有了悲伤的情绪，让孩子充分释放他的情绪，也是非常关键的。

当孩子情绪平复后，父母可以正面和孩子探讨关于死亡的话题。比如告诉他“这是每一个人都会面临的过程，就像花开花谢，人也有生有死，但是，即便是××不在了，他对你的爱也一直会在你的心里，一想起他你就会觉得温暖，他会在你心里一直保护你”，用这样的方法来回避情感或者是角色中断带给孩子的无助和痛苦。

同时，父母也要给孩子做榜样：我们虽然悲伤，但可以祭奠，可以缅怀，依然保持正常的生活状态，有正常的吃喝睡，有正常的散步，有正常的陪孩子游戏的时间，不会因为死亡的出现而让我们的生活变得纷乱。这样就能让孩子平稳地克服亲人离世带来的无助和恐惧。

案例故事

父母该如何与“小候鸟”相处？

我和丈夫来自农村，在省城打工，一儿一女跟着爷爷奶奶在老家生活、读书，他们每年暑假都坐车来省城玩。他们从不到一岁开始就过着这样的生活。如今女儿10岁，儿子8岁，每次他们一来，我们就带他们“开洋荤”：吃肯德基、麦当劳，到儿童乐园玩，去商场、超市买东西。孩子小的时候还不觉得，随着他们年龄的增长，我们觉得和孩子越来越生疏；尤其是今年，感觉女儿一下子就长大了，有了心事，不怎么和我们聊天了，还有点抵触我们。这样的相处模式暂时改变不了，我们家长该如何与远在老家的孩子沟通呢？

案例分析

长期与父母分居两地，“小候鸟”们的心理问题主要是由亲子关系紧张引起的。由于长时间不在父母身边，他们学习、生活乃至人际关系处理中的很多问题都无法得到父母及时的引导，亲子之间的价值观、生活习惯、行为习惯、语言系统、兴趣取向等会出现不同程度的差异。因为和父母分开太久，孩子和父母成了亲密的陌生人，不知道如何拉近关系。

父母不要因为长期分居两地而对孩子过度表现出“亏欠”“愧

疚”的心态，因为在这种心态的支配下，父母很容易出现过度供应、溺爱。这样不但不会让孩子感恩，反而会使孩子误认为父母真的对自己有很大的亏欠，甚至长期怨恨父母。

专家建议

父母在和孩子的交流过程中，不要一味地对孩子“报喜不报忧”，应跟孩子讲出自己的真实情况和感受，让孩子理解自己为了他和家庭的生活努力打拼的过程，以及对未来的期望。孩子了解了父母真实的情况，才会珍惜父母为自己所创造的物质条件，才会积极努力。

孩子来城市过暑假时，父母要尽可能争取时间陪伴孩子，做一些孩子感兴趣的事情。可以和孩子一起制订假期计划，包括让孩子帮忙做家务。做家务实际上是让孩子借助自己的行为，体现对父母的爱，实现亲子心理交流。

建议父母抽出时间带孩子到图书馆、博物馆、纪念馆等这类文化、文明积淀较深的场所去参观、体验，让孩子亲身感受城市里的孩子是怎么积极生活、努力学习的，让他们把对城市的比较全面的认知带回老家并激励自己。

父母与孩子分居两地并不意味着亲子情感的纽带断了。孩子不在身边的日子里，父母要想方设法多和孩子沟通，让孩子时刻感到在与父母一起努力。

案例故事

女儿容易情绪失控怎么办？

我家有两个女儿：姐姐比妹妹大4岁，性格比较冲动，同时又胆小；妹妹性格温和，乖巧懂事，会体谅父母。平时，姐姐做错了事，我们教育她，她不认错还要顶嘴，而且转身就去教训妹妹，妹妹经常被姐姐无故训斥。姐姐一直觉得我们偏心，爱妹妹比爱她多一些，所以不喜欢妹妹。妹妹一直都挺怕姐姐，平时做什么都讨好姐姐。我和她们的爸爸工作非常忙，压力也大，和她们俩相处的时间比较少。有什么办法改善姐姐的性格呢？

案例分析

二胎政策放开后，很多家庭都选择“再生一个”。可是，如何平衡两个孩子之间的关系是一门需要学习的课程。导致大女儿情绪失控、和妹妹关系紧张的原因在于父母对待两个孩子的态度有差别。

家有二孩最常出现的就是“嫉妒”和“冲突”，如果没有很好地把孩子的负面情绪导向正面，以后可能会对孩子有以下不良影响：缺乏同情和分享能力，影响人际关系；自尊心和虚荣心日渐高涨；易有强者为王、败者为寇的心态，在竞争与比较的心态下学习成长；自私自利，以自我为中心，对周遭事物缺乏关心。

孩子为什么有时会觉得父母偏心？父母应该反思：自己对孩子表达爱的方式是否妥当，能否让他感受到？不管是不是独生子女，孩子都喜欢被宠爱，渴望看得见的关爱，希望得到父母更多的爱。如果孩子能够清楚地感受到来自父母的爱，有正确的判断标准，还乐于和别人分享，就不会再抱怨父母偏心，也不会有强烈的争宠行为了。

世界上没有完全相同的两个孩子，每个孩子都有自己的个性和气质特点，即使是同一父母所生，也不是完全相同。既然有差异，父母就不可能完全一样地对待每个孩子。

可以看出，上面的母亲形容两个孩子时使用了完全相反的词汇，说明在她心里，已经给两个孩子分了“高低”。其实，孩子不管是平凡还是优秀，调皮还是懂事，都是父母的宝贝，父母对孩子的爱应该是平等的。

父母不要给大孩子过大的压力。有些父母在教育孩子的时候，总认为大宝必须是小宝的好榜样，所以不允许大宝犯错，一旦犯错会加重惩罚。此外，小宝犯了错，通常大宝也会难逃责任，这会给大宝带来很大的压力。

二孩家庭里，孩子之间吵架打架很正常。父母不要过于紧张或生气，应该注重孩子之间的和解，教会孩子如何和平相处，如何包容对方，而不是马上去批评任何一个孩子。

父母要注意帮助大宝树立威信，培养大宝学会使用“权利”的同时，也要培养二宝如何和大宝交流。

建议父母给每个孩子一段单独相处的“父爱时间”“母爱时间”，比如，周末的时候，妈妈单独带姐姐出去玩。在单独相处的时候，父母多说一些鼓励孩子的话语，相信是有用的。

案例故事

后妈该如何教育孩子？

一年前，我成了一个10岁男孩的后妈。我离过一次婚，自己没有孩子，所以对现在这个家和这个儿子尽心尽责。在一起生活的这一年多时间里，我每天换着花样给儿子做好吃的，对他嘘寒问暖。即使这样，儿子对我也不亲近，碰上什么事不是去跟父亲商量就是打电话去找他的亲妈。只要他亲妈一来接他团聚，他就会非常兴奋。儿子学习习惯不好，成绩也比较差。我的位置特殊，想要好好教育他但是又感觉缩手缩脚。他有时会调皮不听话，但我从来没有打过骂过他，即使被气得流泪也没有对他凶过。无论我对他多好，他都不把我当亲人看待，一吵架就跑去亲妈那里。后妈真不好当，就像走钢丝一样，我该怎么办？

案例分析

在大家根深蒂固的观念里，继母是一个让人痛恨的角色，在离异家庭孩子的心目中更是让父母分离的仇人。父母离婚，孩子的心里当然是会留下伤痕的，如果孩子跟了爸爸，那么孩子心里最想念的就是妈妈。妈妈走了，来了一个素不相识的女人，很多孩子会变得内向、沉默寡言，不喜欢与人交流。在这种情况下，当个让孩子喜欢、让众人称道的好继母不是件容易的事，这位继母已经做得很好了。

如果继母对以往的付出感到委屈，就不要一味地去迎合、去讨好，而要去发现、去培养，发现孩子身上的长处并欣赏他，进而亲近他、喜欢他、爱他。这样爱就有了根基，来得自然，让他容易接受，接受了才能融入心灵。另外，重组家庭之后，父母双方都重新负起了教育孩子的责任，只有有效地培养他，才能更好地拥有他。

在孩子心里，一般人是很难取代妈妈的地位的，但孩子可以本能地辨别出哪些行为出自真心，哪些行为出自虚伪。继母面对孩子，平静地面对与接纳，平等地交流与沟通，耐心地等待与感化，真诚地理解与尊重，是尽快融入、相互认可的关键；而非患得患失、缩手缩脚，不自觉地给自己继母难当的心理暗示，过多关注在给孩子买喜欢的东西等方面。有的孩子还不懂事，觉得是应该得到的，不买就是继母不好。继母其实是一个很消极的称呼，意味着那种天然母子亲情的缺失，意味着家庭生活境遇的尴尬，而这种亲情的缺失是很难弥补的。我们承认，世上有不好的继母，但同样也有不好的亲妈。对孩子倾注健康正确的母爱教育，真情便可以跨越血缘，继母的母爱也可以坚不可摧，同样伟大，更令人钦佩。

不管怎么说，在重组家庭中，继母与继子女之间的感情想要转化成母子情还得靠时间、爱心和超常的耐心来坚持。

中学篇
青羊家长读本
QINGYANG JIAZHANG DUBEN

案例故事

初一学生压力大怎么排解？

儿子读初一之后变化挺大的，感觉变得脆弱了，以前开朗活泼的他现在特别易怒，在家里不许我和他爸爸看电视，聊天声音高一些也会被他制止。最近有一次，他让我在作业上签字，我随口说了句“你的字写得不是一般的难看”。这其实是句玩笑话，以前常说，可是那天就因为这句话他突然委屈得不行，冲我大喊：“我什么也做不好！”我问了句：“是不是压力大？”他就哭了，大喊“压力大得不行”。这才刚上初中两个月，压力就这么大，以后怎么办？

案例分析

初中生活和小学生活是完全不同的，如果在孩子进入初中之前家长没有正确地引导，孩子在刚刚进入初中时难免会措手不及、难以适应。孩子可能学习优势不再像在小学时那么明显，压力来源于“失宠心理”。再加上，初中的学习压力确实比小学大得多：课程数量陡增，作业量大导致时间不够用，学习方法不同，老师的要求也与小学老师的不同……这些变化都会导致孩子产生焦虑心理，表现出情绪问题。家长和老师如果在孩子把压力宣泄出来的时候无条件地接纳，并给予他们信任和陪伴，相信孩子会很快完成角色转变。

家长要跟孩子进行有效沟通，多倾听孩子说话，多跟孩子商量。倾听是对孩子的尊重，也是给孩子一个宣泄的通道，同时还能全面地了解、认识孩子。商量是对孩子的信任，家长要做到凡是跟孩子有关的事都要跟他商量，不可用权威压制孩子。

要鼓励孩子坚持兴趣爱好。初中生的生活非常忙碌，孩子在小学时坚持了很久的兴趣爱好可能在初中没有时间延续，但是家长应该鼓励孩子在闲暇时坚持自己的爱好。弹弹琴，打会儿球，画一幅画，可以让孩子在短时间内排解压力，找回好心情。

要控制自己的焦虑情绪。家长的情绪会传染，孩子很敏感，可以从家长的一个眼神、一个举动感受到家长的焦虑，这会让孩子更加焦虑。家长应该安排好自己的生活，不要过多地关注孩子，多给予孩子鼓励和爱，这会让孩子放松许多。

案例故事

初一学生成绩下滑严重怎么办？

我女儿今年刚升入初中，开学这两个月的几次测验中，她的成绩不断下滑，最近的一次居然排名全班倒数第一。虽然她的学校整体水平较高，但是这样的排名确实让我捏了一把汗。她小学时的成绩一直都是中上。我感觉孩子还是挺用功的，每天作业都要写到晚上十一二点，回家就在看书，并没有浪费时间，非常辛苦。考试成绩对孩子有一些影响，她的情绪有些低落，我和她爸爸在考虑为她报补习班，但是孩子认为她靠自己的努力可以提高成绩。我们该如何帮助她呢？

案例分析

初一对于所有的孩子来说都是一个转型期，生理上处于青春期，行动突然变得怪异，情绪变得不可控制；学习上处于转变期，教学方式由“老师喂”变为“自己吃”，原来的思维习惯被全盘推翻……这个时期，孩子的成绩很容易出现波动，家长需要细心观察、耐心沟通，分析孩子成绩下降背后的原因。

我们常见的是，进入青春期后，孩子变得沉默，随之成绩下降，而家长以为是成绩的波动影响了孩子的情绪，所以想方设法找老师为孩子补课。可是事与愿违，孩子的成绩并没有提高。家长把因果关系搞反了。这个时期孩子的成绩波动，是由多方面因素共同作用而导致的：环境变了。女儿小学时成绩不错，进入的又是一所不错的中学，那么孩子很有可能因为到了初中后发现“人外有人，山外有山”，突然迷失自我，停滞不前了。还有孩子小学阶段的好朋友各奔东西了，熟悉新朋友有个适应期。如何沟通、如何交流对于孩子来说都是新的课题，孩子必须要自己慢慢摸索，这个过程是漫长的。此外，六年小学阶段的学习方法突然间没用了，孩子习惯了“老师喂”的学习方式，突然对要求“自学”的中学老师感到陌生，新的学习思维和学习习惯一时还难以建立。

专家建议

在这个时期，家长的态度直接影响着孩子的状态。家长需要坚持“三不”原则：不急，在适应一个新环境的时候，人都会有一个徘徊甚至倒退的阶段，家长不能把焦虑的心态传递给孩子。不训，不一味地指责孩子，给孩子尝试的机会，耐心陪伴和等待。不宠，日常生活不代劳，用一颗平常心对待孩子，让孩子自我成长。

在家长与孩子的心态都调整好后，就可以进行学习方法上的指导了。家长需要在了解孩子性格、学习情况的基础上，引导孩子制订合理、科学、有操作性的学习计划，寻找适合孩子的学习方法。家长一定要注意是引导孩子，而不是强制孩子按照自己认为科学又合理的方式进行，学习计划和方法一定是孩子自己探索出来并愿意执行的。

案例故事

初中生不会交朋友怎么办？

儿子今年升入初中，刚开学没多久就摔伤了脚，在家休养了很久。最近，他时不时冒出不想上学的念头，这引起了我的重视。侧面打听之后我才知道，因为是新学校、新班级，又因为他生病很久没去学校，导致他现在一个朋友也没有。他的性格比较内向且敏感，不是那种主动找别人说话的孩子。现在看到他整天闷闷不乐，对学习提不起兴趣又不想去学校的状态，我心里很难受。面对这么大的孩子，我该如何做，引导他融入集体呢？

案例分析

现在家长和整个社会都很看重孩子的学习成绩，不重视或者直接忽略对孩子交往能力的培养，导致一些孩子缺乏与小伙伴交往的经验，不会与人相处。

孩子在小学一二年级时，主要是服从老师和家长的权威，往往感受不到伙伴的重要性。随着年龄的增长，老师和家长在孩子心目中的地位会逐渐下降，孩子会越来越重视自己的伙伴关系，重视自己在群体中的地位。在这个时候，一个孩子的学业发展就会受到人际交往能力很大的影响。很多孩子都是因为人际关系出现了问题，才导致厌学、逃学、辍学。可以看出，孩子人际关系的培养是非常重要的。

但是，很多家长认为，孩子不会交朋友，和孩子交流一下就好了，给孩子讲事实、摆道理，让孩子认识到和同伴交往的重要性，再教给孩子几个与同伴亲近的方法，孩子的同伴关系就会好了。家长恐怕把这件事情想得过于简单了。孩子交往能力的提高需要一个长期的过程，需要在反复的体验中学会怎么去和他人交往。可以说，孩子的整个未成年阶段，从一两岁开始在小区玩耍到幼儿园，再到小学、中学甚至大学，他都在不断地学习。

专家建议

首先，要提升孩子的能力。引导孩子多阅读，见多识广会让孩子在与人交往中有底气。孩子之间交往时，往往都会选择和自己能力相当或者比自己能力稍强的人来结伴，观察孩子的游戏伙伴或者小组搭档就可以发现。所以，想要孩子有伙伴，就必须帮助孩子提升个人能力，学习能力、体育能力、文艺能力都可以，鼓励孩子多利用自己的强项为班级做贡献。孩子的能力变强了、被认可了，自然会吸引一部分同学来和孩子交朋友。

其次，培养孩子良好的个性。现在的独生子女大多以自我为中心，性格敏感，容易自卑，这些都会让孩子的人际交往出现问题。家长可以鼓励孩子换位思考，多帮助同学做一些力所能及的事情，比如一起做值日、交换书籍等，这样更容易让孩子获得别人的接纳，交到朋友。

再次，鼓励孩子多参与群体活动。家长可以多创造一些让孩子“抛头露面”的机会，比如参与社会实践活动，让孩子学会与陌生人打交道；在节假日或者孩子生日时邀请孩子的同学到家中做客，让孩子作为小主人招待同学；也可以鼓励孩子到别人家去做客。

最后，家长一定要多与老师沟通交流，只有了解孩子在校的点点滴滴，才能针对问题进行有效的引导。

相信过不了多久，家长就会发现，孩子会慢慢开始谈论班级的大事小事，从三两句到滔滔不绝。家长一定要认真且耐心地听，因为你的孩子正在融入集体生活。

案例故事

初中生觉得学校生活很压抑怎么办?

我的儿子学习一直挺不错，从小学到初中没有跌出过班级前三的位置，学校里的老师都很喜欢他。上学期的期末考试，不知道他是没有准备好还是没有发挥好，跌到了第八名。当时儿子说班主任没有责怪他，一直鼓励他调整状态，重新回到前三。可是，这学期的几次月考和期中考试，儿子的成绩一直都没回到前三，甚至期中考试还跌出了前十。他发现老师对他变得越来越冷漠，说老师看他时都是失望的眼神。现在他觉得学校生活很压抑，人也变得沉默了。有什么办法可以调整他的状态吗?

案例分析

在孩子的学校生活中，师生关系是最重要的关系之一。我们比较常见的是，如果孩子和哪一个学科的老师关系比较融洽，能够相互信任，敞开心扉坦诚相见，孩子在这一学科上的学习效率一定不错；孩子跟哪一个学科的老师有一些意见不合、矛盾，那么，这个学科的成绩一般不会太好。所以，创建和确立良好的师生关系是孩子学习成长的关键一步。

那么怎样才能让孩子和老师建立良好的师生关系呢？其中最重要的就是家校关系了。家庭和学校的关系直接影响着孩子和老师的关系。

专家建议

孩子入学以后，家长把孩子送到学校，家长和老师就建立了一种契约关系，双方的目标完全一致，那就是要把孩子培养成才。从这个角度来看，家长和学校之间不应该有矛盾，而应该是合作。所以，家长应该无条件地信任、尊重、配合学校的教学工作，共同维护好老师对孩子的教育权威。孩子小学的成绩非常好，老师也很喜欢孩子，说明在整个小学阶段，这个孩子的家校关系是建立得非常好的。但是孩子升入初中之后，觉得学校压抑、老师不喜欢自己，家长是否可以反省一下，自己是否对孩子现在的学校有所不满，或者当着孩子的面数落过当前的教育弊端，点评过学校或者老师？如果有，家长需要先从自己入手开始调整。

那么到底师生之间会不会有矛盾？据研究，在孩子们所诉说的“矛盾”中 70%以上实际上是不存在的，而是因为孩子心理有波动，认为老师对他有意见。其实从心理上讲，当人成功的时候，很骄傲很自豪的时候，就认为其他人对他刮目相看；如果特别自卑特别沮丧，就会“发现”其他人总是俯视他。其实不是其他人有了变化，而是自己的心理状态有波动。孩子同样如此。如果发现孩子有了这样的心理波动，家长一定要及时安慰，调整孩子的心理状态。要告诉孩子，老师并没有放弃他的意思，鼓励孩子继续努力、争取进步。

另一方面，家长要找孩子的班主任进行深度沟通，坦诚地说出孩子目前的心理问题，争取老师的积极配合。自信心的重建需要家长和老师长期的配合。

案例故事

初中生沉迷手机怎么办？

孩子上初中之后，我们应他的要求给他买了一部智能手机。但是，让我心累的事情随之出现了。学校是明文禁止带手机进校的，所以他只能放学后使用手机。有好几次，我发现他在房间偷偷用手机打游戏、听音乐，被我当场捉住他还嘴犟说是在查资料。现在只要他的房间关上门，我就会想他是不是一直捧着手机玩，既担心又烦恼。初中课业重、压力大，晚上玩手机耽误睡觉，会影响第二天上课，长此以往必定会影响学习成绩。但是没收手机，他会和我们闹脾气。我们应该怎么做呢？

案例分析

现在是网络信息时代，而这一代孩子是网络时代的“原住民”。手机作为生活的工具，跟剪刀、钳子一样，已经完全融入了我们的生活，将来会更深刻地融入孩子们的生活。拒绝给孩子购买手机或者用强硬手段控制孩子使用手机都是不可取的。手机只是一个联络工具，家长们大可不必“谈虎色变”。

专家建议

家长要想引导孩子正确使用手机，首先就要站在孩子的角度，了解一下手机到底有什么魔力。孩子每天学校、家里两点一线，看到的世界就像井里的蛙看到的天一样大。网络世界则不同，在网络世界里，孩子仿佛看到了整片天空。对于天生充满好奇心的孩子来说，网络世界里沟通无障碍的强大人脉关系网、让人成就感爆棚的网络游戏、看都看不完的影音资源让他们应接不暇。如果孩子沉迷手机，家长最好先分析一下孩子到底是“迷”上了什么，再对症下药，找到应对方法。让孩子放下手机是一个需要耐心、循序渐进的过程。

首先，家长要对孩子喜欢玩手机这件事表示理解和接纳。不要说孩子，大多数大人对手机也是“欲罢不能”，满大街的“低头族”足可以说明问题。所以，家长不如让孩子带着自己一起了解他们喜欢的东西。比如，孩子喜欢打游戏，家长也可以试着了解一下游戏，听孩子讲一讲他与同伴同心协力取得胜利的过程，这既可以跟孩子交流情感又能满足孩子的倾诉欲。

其次，找出能替代手机满足孩子心理需求的方法。孩子沉迷手机的行为折射出的是他们的心理需求，行为不可能消失，却可以被替代。家长不想让孩子玩手机，就要给他其他的玩法。培养孩子在书法、乐器等方面的兴趣，跟孩子一起运动、阅读、研学实践，还可以鼓励孩子多与他人交往，增加生活乐趣等。

最后，也是最重要的一点，家长一定要以身作则。如果家长回家后就一直抱着手机不放，那么，再怎么训斥孩子都不会有好的效果。最好的方式应该是家长身体力行，陪着孩子一起读书。家庭环境与氛围对孩子的影响不可小觑，重视教育的家长一定是在孩子成长的过程中扮演好学习者、监督者、陪伴者、激励者的角色，身体力行地将手机对孩子的负面影响降到最小。

案例故事

初中生追星不学习怎么办?

我的女儿今年读初一，平时喜欢听歌、唱歌，聊起这些如数家珍，几乎很多流行的歌都会唱。进入初中之后，我发现她追星追得有点“发烧”，甚至发昏：她在房间里贴满了海报，还费心思去淘签名照片、周边产品，回家第一件事就是戴耳机听歌，吃饭、写作业也一直听着，据说还加了明星的粉丝群，经常上QQ空间和贴吧发帖子。老师反映她最近上课精神不集中，老跑神儿。我跟她多说几句，她就嫌我烦。这可怎么办?

案例分析

青春期的孩子追星其实是件挺平常的事情。大多数孩子从十岁左右开始追星，十二三岁时比较明显，十六岁以后热情开始消退，这与孩子青春期寻找自我认同的阶段有关。这个时期的孩子开始尝试独立思考和生活，他们渴望在内心建立一个“自我”，但又不清楚自己到底想要一个什么样的“自我”。这个时候，偶像就出现了。孩子试图通过追星来弥补自己个性和生活上的缺陷，并且通过偶像来建构或完善“自我”。他们模仿偶像的服饰、爱好、习惯，有时想象自己也是一个被人喜欢的人，借此获得满足感。因为喜欢偶像而喜欢自己，而一群人都有某个偶像，孩子进而获得了彼此认同、价值与归属感，精神上得到了满足。一般来说，追星并不会妨碍孩子的成长，反而让孩子在榜样的作用下积极地生活。而且，孩子成年后通过社交、学习、能力来得到社会认同和自我认同，追星的欲望会减弱。所以，对待孩子追星这件事，家长千万不要大惊小怪，更不要过分责备孩子。但是，如果孩子过分迷恋偶像，对偶像过分盲目和迷信，行为变得疯狂，家长就要适当引导了。

专家建议

首先，理解和接纳孩子的选择。孩子在追星的时候已经把偶像等同于自己，所以家长诋毁或者侮辱偶像，孩子会认为家长是在否定自己，这会更加激发孩子的情绪。所以，家长不妨坐下来耐心听孩子讲述他为什么喜欢这个偶像。只有孩子知道你接受他追星这件事，你们才有进一步沟通的可能性。

家长可以试着去了解孩子的偶像，在孩子面前肯定偶像的成绩及其为之付出的努力，引导孩子认识到偶像在付出劳动的同时获得了社会地位和经济利益，同时也要看到偶像对社会的一些负面影响。

要拓宽孩子的眼界。家长要引导孩子去发现、了解能为社会创造更大价值的榜样——科学家、企业家等；培养孩子广泛的兴趣爱好，丰富孩子的课余活动，如多参加一些文体活动，多接触一些人和事，让孩子拥有两到三个可以长期坚持的爱好。

案例故事

初中生考试没考好怎么办?

临近期末，相信所有家长都有点焦虑，我也很焦虑。孩子读初二，眼看明年就要中考了，他对学习却一点儿也不上心。这次期末考试更是考出了历史新低，有一门课竟然没有及格。但面对这样的成绩，他依然该吃吃该喝喝该玩玩，一点紧迫感也没有，并未打算下半学期在学习上做出什么改变。我们问他，他总是说不用我们管。我们想和他谈谈学习，谈谈成绩，但是不知从何谈起，怕引起他反感。有什么好方法吗?

案例分析

作为家长，关注孩子学习最直接的方式就是关心成绩。但是，家长最关心的也是孩子最敏感的，家长揪住成绩不放，会让孩子很受伤。从父母角度来讲，谈论分数是爱孩子的一种体现。孩子却并不这么认为，他们觉得父母只关心分数，不关心自己，因此心里话只说给同伴听。于是，亲子沟通就陷入了尴尬的境地。有的家长面对孩子下滑的成绩，心急火燎地给孩子报补习班。这种做法值得商榷，补了半天，孩子的成绩不见提升，家长更加焦虑。

跟小学生相比，初中学生既要重视分数，重视名次，把它作为参照自己学习的一面镜子、激励自己向上的一种动力，同时更要明确，学习是对生命的充实、对心灵的扩展。这种充实、扩展指向无限多的方向，绝不是靠几门课程的分数就能体现出来的。孩子的学习成绩反映的是本学期或者最近一段时间孩子的学习状态。影响学生学习状态的因素很多，比如亲子关系的好坏、父母之间关系的好坏、对学科知识的理解能力、课堂听课认真程度、课后作业的完成情况，等等。

所以，家长和孩子坐下来谈谈成绩的时候，一定不能仅仅局限于谈论分数，而是应将目光投放到分数背后的因素上。家长或许有充足的理由对孩子大发雷霆，但发一通脾气换不来孩子的任何进步，可能还会让孩子的成绩更糟。要知道，到了青春期，有的孩子吃软不吃硬，鼓励的效果远好于责骂。

专家建议

该如何与孩子沟通成绩呢？首先，表达和接纳彼此的感受。家长可以先询问孩子的感受，然后诚实、平和地告诉孩子自己的感受。

其次，和孩子一起明确一个目标。家长和孩子一起商量一个“跳起来可以摸得到”的目标，以此来帮助孩子评估自己的实力。当然，这个目标要得到孩子的认可，这决定了孩子日后行为的主动性，如果孩子不认可，那么达成的可能性就非常渺茫。

再次，寻找达成目标的方法。对初中的孩子，家长要尽可能多地给孩子空间，让孩子主动思考怎么解决问题。如果孩子需要，家长再提供建议。

最后，明确各自的角色定位。学习的主体是孩子，家长是助手和支持者，这是需要家长跟孩子明确的。把主动性还给孩子，家长从孩子的学习中退出来，给予孩子情感上的支持和鼓励，相信孩子做得到，这一点尤为重要。

案例故事

初中生偏科怎么办?

我的儿子读初中二年级，现在偏科特别厉害。刚上初中的时候没有这么明显，虽然他的理科成绩比较好，但是文科也不是很差，总体上成绩还不错，也不至于偏科。初一下学期他开始出现偏科的苗头，这学期对其他学科都不感兴趣了，全部心思都放在生物上。半期考试，他其他学科的成绩简直一塌糊涂。老师说，他上其他课就趴在桌子上睡觉，只有在生物课上才有精神。我找他谈过，他只说其他课没意思。这样下去肯定不行，这种情况怎么处理才好呢?

案例分析

从小学升入初中，学生要学的科目猛然增多，让很多小学成绩还不错的孩子成绩一落千丈。而这些成绩不理想的孩子，大多有一个共性，那就是偏科。偏科的结果往往是总分被拉了很多，班级名次不理想。从来没有让家长忧心过成绩的孩子开始让家长头疼不已，这个时候孩子心里同样不好受，家长需要帮助孩子面对困境。

偏科存在着假性偏科和真性偏科。假性偏科无论是成绩比较差还是特别差，都是暂时现象，比如一次考试意外或者是一段知识学习的好与坏。但是长期以来都是偏科状态，并且孩子已经投入了很大的精力在落后的课程上仍然收效甚微，可能就是真性偏科。对真性偏科，家长一定要引起足够的重视。

专家建议

对于偏科，家长一定要先分析原因。

有些孩子偏科是因为老师的原因。孩子喜欢某个学科的老师，从而偏爱某一学科，该学科成绩的提高又强化了孩子对该学科的喜爱，形成良性循环；反之，孩子不喜欢某位老师，往往也不喜欢那位老师所教的学科，久而久之，该学科成绩下降，让孩子丧失信心，导致恶性循环。

有些孩子偏科则是学习能力的缺失。孩子在学习过程中，某些方面的能力长期未得到培养，在面对新增的或者是难度增加的科目时，就力不从心，徘徊在学科之外。

孩子偏科的理由有很多，有些理由在家长看来很可笑。初中生虽然看起来像个“小大人”了，但实际上他们的心智还很不成熟。只有了解了孩子偏科的原因，家长才好对症下药，引导孩子解决问题。

帮助孩子全面发展首先要帮孩子树立学习的信心。家长要帮助孩子分析失败的原因，但要避免说“自己有过类似经历”之类的话，这样容易引起孩子的心理暗示。相反，家长要细心发现孩子取得的每一点进步，并多加鼓励和表扬，让孩子不断积累学习兴趣和自信。

帮助孩子合理安排学习时间。针对薄弱科目制订学习计划，但不宜投入大量时间，这样会让孩子排斥。可以帮孩子按照学习目的制订一份时间表出来，比如每天复习某一科的某一个小节，时间最好不要超过半个小时，之后逐渐延长时间。

如果孩子因为学习能力的问题导致偏科，这不仅仅是要靠孩子自己的努力，还要找相应的老师进行方法和思路上的指导。

案例故事

初中生厌学怎么办?

我的儿子下学期就该读初三了，但是在这个节骨眼儿，他提出要退学，说不想再上学了。儿子从小聪明伶俐、活泼好动，小学时候每堂课只听十多分钟就会了，虽然注意力不集中，但成绩还不错。初中他住校，就读的学校很好，而且他还在重点班，老师抓得很紧，我们工作忙，就没有怎么过问他的学习，结果初一期末考试7门课有5门不及格。之后，听老师说他变得讨厌学习，上课不听讲，不交作业，老师也频频和我们联系，反映他学习态度很不端正，经常旷课在宿舍睡觉，并且屡教不改，初一学年结束时学校要求他转学。转学之后，他在新的学校表现得依然非常糟糕，老师经常请我们到学校面谈，谈了之后他也没有多大改善。初二才读完，他就主动提出退学，这可怎么办呢?

案例分析

厌学，顾名思义就是不喜欢学习、讨厌学习，甚至厌恶学习、逃避学习，认为读书无用，消极对待学习，逃避学习活动等。

一些孩子知道学习的结果直接影响到他的未来，但仍然对学习表现得非常反感，甚至感到痛苦，宁愿承受老师、家长以及其他亲朋好友的责骂也要逃课，或者是在课堂上睡觉，做一些与学习无关的事。

这些行为的直接结果就是学习成绩急速下降。

初中生有厌学情绪是比较普遍的问题，其原因是复杂的，既有学校、教师的原因，也有家长的原因，还有社会的影响，学生本人也有责任。因此，要解决初中生厌学情绪问题需要多方面做工作。

家长要克服期望值过高、要求过于片面的心理，改变过于严厉、过于苛刻的管教方法，代之以民主、平等的教育和引导。建议家长先把孩子的成绩放在一边，用家庭的亲情温暖孩子，矫正孩子的厌学行为。

有厌学情绪的孩子常常学习目的不明确，责任感不强，缺乏动力。家长要联系社会生活的实际举出大量例证，说明掌握科学文化知识是做人的立身之本，不爱学习、没有文化只能做一个愚昧的人，对本人、对社会都没有好处。

同时，还要加强对孩子的挫折教育。现代社会是竞争激烈的社会，不可能没有学习压力和挫折。家长要教会孩子如何应对挫折，例如考试失利后是积极地寻找原因还是消极地自怨自艾？没考上理想的学校是适应现在的学校努力进取，还是自暴自弃地熬过这几年？

最重要的是要给孩子以具体的帮助。孩子学习基础差，成绩差，挨批评多，建议家长与班主任老师多沟通，帮助孩子克服具体的学习困难。家长要看到孩子的长处，也要接纳孩子的不足，帮助孩子制订合适的学习目标，这个目标是他“跳起来就能摘到”的桃子，而不是树顶的桃子。如果孩子的学习动机已经受损，目标就要低一点，让他体会到成功的喜悦。

案例故事

考前焦虑如何缓解？

我的女儿读初二，学习一直挺努力，但她容易紧张，大考小考之前都会焦虑。临近期末，她压力有点大，食欲不好，总说没有胃口，上周肚子莫名其妙地疼了几次，这周有两天晚上睡不着觉。这样直接导致她第二天上课时精神状态不好，复习效率低下。作为家长，我们该如何帮助她缓解考前紧张的情绪，让她在期末考试中正常发挥呢？

案例分析

考前焦虑是颇令学生、家长头疼的心理问题，明明是背得滚瓜烂熟的概念，经常做的题型，学生一上考场却怎么也想不起来，脑子里似乎一片空白。其实，面对考试，适度紧张是正常的也是必要的。适度的焦虑可以使人注意力集中，反应更加迅速，思维更加敏捷，有助于发挥出最佳水平。但如果焦虑过度，就会起相反的作用。过度焦虑会干扰回忆过程，同时对思维过程起瓦解作用，从而使考试发挥失常。

专家建议

首先，家长应当借机引导孩子端正面对考试的态度，把考试看作人生的一个组成部分，而不是全部；要认识到考前紧张是必然的，要学会接受紧张，不要一紧张就变得慌乱。在保证考前准备充分的前提下，教孩子积极地自我暗示，告诉孩子“你能行”。当孩子有焦虑情绪时，让他以强有力的自我暗示，如“我能行”“我一定能够成功”“我看好我自己”来增强自信，克服焦虑。

学业再忙也不能忽略了体育运动。运动可以消除一些导致焦虑的化学物质，使精神放松，心情愉悦。考前，家长可适当带孩子出去跑步、打球或者游泳等，不仅锻炼了身体，还可以让孩子暂时不去想学习的事情，放松心情。这能有效地缓解孩子的焦虑情绪，让孩子有更充沛的精力去复习应考。

引导孩子去做一些感兴趣的事情，如唱歌、听音乐、打篮球等，可以有效转移孩子的注意力，驱散考前的焦虑情绪。情绪宜疏不宜堵，在转移孩子注意力的同时，如果可以引导孩子把紧张、焦虑的情绪向家人或朋友倾诉，或是让孩子放声大哭或大笑，都可以宣泄孩子内心的忧郁。

缓解紧张情绪最重要的一点是保证孩子有充足的睡眠。睡眠对一个人的思维和学习能力起着决定性的作用，缺乏睡眠会损害人的注意力、警觉性、专注性、推理能力以及解决问题的能力，这些会直接导致孩子的学习效率变低。家长可以教孩子学会放松性冥想，劳累时闭目幻想蓝天、海风海浪、草地等美好的画面，或者极目远眺来缓解内心的压力。睡前冥想也可以帮助孩子轻松入睡。如果孩子的焦虑、抑郁、烦躁等情绪在家长的引导下无法排解，家长应及时向专业的心理医生寻求帮助。

案例故事

初中生不喜欢老师而导致成绩下降怎么办?

我的儿子读初三，明年就要中考。刚进入初三时，因为一些原因，他们班的科任老师换了两个。我儿子是个非常重情义的孩子，他很喜欢之前的老师，所以非常抵触新换的老师。他嫌弃新老师嗓门大，上课吵得他头疼；嫌弃新老师讲课方法不同……反正新老师的一举一动他都不满意。大半个学期下来，他这两门课的成绩直线下降。我们非常着急，跟他谈过，让他为了学业忍一忍，坚持一下就毕业了，但是收效甚微。我们该如何引导呢?

案例分析

学生不喜欢某位老师，这类现象在小学和中学都确实存在，也比较常见。大家都知道，“师者，传道授业解惑也”。如果学生不喜欢某位老师，那么就会对他所教授的课程有所排斥，师生之间就会出现代沟，慢慢地对学生的学业就会产生影响。

专家建议

查找原因　当发现孩子不喜欢某位老师时，家长首先要做的是倾听，切忌一上来就用个人的价值观去评价孩子的思想和言行。家长不发表任何意见，这样才有机会了解孩子的真实想法。同时，家长不要盲目信从孩子的想法，要及时与其他老师联系，听听老师对孩子的评价和想法，还可以和孩子的同学、家长联系，听听他们对新老师的看法等。全面了解，客观分析，再来找解决办法。

接受不完美的老师　没有完美的人，也没有完美的老师。从小学到大学，换老师是很正常的事情，要学会接受和适应新的老师。家长要主动了解新老师，挖掘新老师的优点。当孩子回家谈起对新老师的印象、同学如何评价新老师时，家长除了耐心倾听，还可以从侧面讲一些这位老师的优点，帮助老师在孩子的心目中树立威信。同时，家长要做好协调员，和孩子沟通完之后，以谦虚、平和的态度与老师沟通，倾听老师的说法，设法让新老师给予孩子一些“偏爱”。这样孩子很快就能改变对新老师的看法。

确实有问题怎么办　即使老师和学校有不尽人意的地方，家长也要理解老师和学校的动机和目的都是为了孩子能够健康成长。因此，新老师如果确实存在问题，家长也不要当着孩子的面对老师横加指责。这样做，最终吃亏的还是孩子。孩子之所以会因为更换老师而成绩下滑，是因为他认为学习成绩取决于老师，往往把老师看得极为重要，因此经常对老师察言观色，思虑老师的言行并与自己对号入座。这实际上是对老师的过分依赖，说明孩子缺乏独立自主性。中学生，尤其是初三的孩子，学习的成败主要在于自己。老师只不过是“引导”者和“伴奏”者，为孩子指出了获取知识的途径、方法以及思路。所以家长要引导孩子，成长过程中老师的教育仅仅是一个外在条件，未来掌握在自己的手中。

案例故事

如何与初中生谈论成绩？

我的儿子读初中，感觉他变化挺大的。儿子从小就贪玩，做题粗心、上课注意力不集中都是常有的事儿，但是小学时他的成绩还算可以。升入初中之后，情况就不再乐观了。学习内容越来越难，我明显感觉他学习很吃力，成绩一直上不去，尤其是数学。数学老师挺重视成绩，多次找儿子谈话，有一次还当着其他同学的面严肃地批评了他。初中的孩子开始逆反，他再也不愿意听数学老师的课，后果就是成绩直线下滑。马上就要期末考试了，如果数学考得不好，我该如何引导他呢？

案例分析

升入初中以后，有些孩子学习成绩突然之间提升了很多，这是因为他们把初一当作一个新的开端，在初一这个新的起跑线上加快了速度，所以跑出了比别人优秀的成绩。当然，能够抓住初一这个新起跑线的孩子并不是很多，大多数孩子在初中成绩会大幅度下降。之所以会这样，是因为初中的学习与小学有很大的不同，孩子学习的内容、方法以及教师的教学方法等都发生了很大的变化，还有一点很重要的不同是学习压力增大。这时，如果孩子不能适应或者适应速度慢，成绩都会下滑。

专家建议

家长要认识到，孩子目前的状况并不能代表孩子的未来，尤其是几次考试分数更不能决定孩子的一生。所以，家长要学会拉长焦距看孩子的教育，也就是既要看到眼前，又要看到长远的将来。那么，面对期末成绩不如意的孩子，家长到底该如何做？

不要过分关注结果。既然结果无法改变，家长该做的是在心态平和的情况下，冷静思考导致成绩下降这个结果的原因，并将接下来的主要工作放在引导孩子下次有一个好结果的过程上。

帮孩子收获成就感。如果孩子考了90分，家长应该做的是让孩子守住这90分，再来考虑丢失的60分。如果家长对已得的90分不闻不问，而是死抠失去的60分，孩子会失去信心和兴趣。所以，家长应该引导孩子在这个成果的基础上，再想办法提高，这样孩子往往容易接受。

具体分析试卷，找准“病根”。虽然考试后学校都会进行试卷分析，但是每个学生的问题不一样。哪些分数是因为马虎丢掉的，哪些又是因为基本功不扎实丢掉的呢？如果家长能结合孩子的学习情况，与孩子一起细致地对失分点进行具体分析，孩子便可以清晰地认识到自己的不足。

学会关注孩子本身。学生学习成绩的根源，有的时候不在学习上。孩子的情感、意志、价值观、习惯、交往等种种因素往往会直接影响学习成绩。家长要从根儿上下功夫，帮助孩子做调整。

每个孩子在自己的一生中都会遇到困难和挫折，家长要对孩子保持适当的期望值，让孩子做到心中有志，并培养信念，这样才能以良好的心态积极面对未来的考试和人生。

案例故事

中考前的紧张如何排解？

我的孩子正读初三，成绩中等偏上，不太稳定，孩子的心情总是跟着成绩走。这马上中考了，她经常无缘无故地发脾气，口头禅就是“烦死了”“我哪有时间”等等，现在家里的气氛很紧张。孩子以前就任性，现在又特别敏感，有时候还故意找碴：饭菜不可口，我们说话稍微大点声都不行。我和她爸爸也知道她压力大，在学校无处释放，所以她在家发脾气时，我们都尽量不理她，但又怕这种情绪影响她中考的发挥。我们应该怎样引导孩子呢？

案例分析

这位家长是一位冷静智慧的家长，不但能体谅女儿的压力，还意识到要帮女儿调节。孩子“找碴”“发脾气”，一方面是宣泄自己的压力，另一方面是希望得到家长的关爱和理解。女儿能在家里将自己的烦躁表露无遗，说明家是孩子觉得安全、可信任的环境，父母是可以信任和依赖的人。

中考备考进入冲刺阶段，在巨大的考试压力下，不仅孩子紧张，有时候家长不免将所有的期待集中到孩子身上，造成了孩子的压力。家长一定要摆正心态，要让孩子知道家长是支持他的，但不要用急迫的态度和孩子谈心，更不要逼迫孩子讲话，只需要默默陪着他，同时，多给孩子信任和自由的空间。想要孩子有积极的心态，家长要以身作则，这样才能感染孩子。情绪好、性格开朗乐观的家长对孩子的一生能起到积极的影响。

在这个阶段，可以采用以下方法来帮孩子缓解考前压力：

不要过度关注。有些家庭有考生，整个家庭的气氛都不一样了，电视关了，家人走路蹑手蹑脚……家长常对孩子说："你只需要专心复习就行了。"这样过分的小心，与往日生活有巨大反差，会加重孩子的心理压力，让孩子备感紧张。家长也不要对孩子不闻不问。考试将近，孩子的内心其实是比较脆弱的。所以，家长应尽可能多地抽出时间，对孩子上心一点。可以适当和孩子开个玩笑，出去散散步，避免絮絮叨叨，默默做一些事情就好，孩子能感受到的。

情绪问题冷处理。初三的学生虽然处于叛逆期，嘴上好像啥事都不用家长操心，但其实他们的内心还是期待父母关心和爱护自己。当孩子情绪激动的时候，冷处理是个不错的方法，可以让孩子明白情绪是需要自己控制的。只是冷处理过后，要表达对孩子的关心，和孩子沟通，帮他们寻找症结，做合理的分析。

营造温馨的家庭氛围。在临近考试的这段时间，千万不要因为家长里短的事情，影响孩子的情绪。家长必须先管理好自己的情绪，然后再面对孩子。

案例故事

初中生暗恋老师怎么办?

我的女儿读初中二年级，可能是因为青春期的原因，她最近性情改变挺大，我们家的关系变得比较紧张。前两天，我用电脑的时候无意间发现了她写的文章，里面透露她暗恋上了她的语文老师，那个老师年轻又长得帅，声音也很好听，很多学生都喜欢。但是我女儿暗恋他已经到了朝思暮想的地步了，根本没法安心上课。上学期语文她考得那么差，我现在终于知道原因了。青春期的孩子，我又不敢和她说得太多，怕她做出过激行为，该怎么办好呢?

案例分析

相信我们大多数人在年少的时候都喜欢或者暗恋过自己的异性老师，十几岁正值青春期，对异性产生好感、被异性吸引都是青春发育期正常的心理。

在人生观、价值观还没有完全建立的青春期，孩子们往往会对偶像盲目崇拜，偶像的优点被无限扩大，缺点被忽略，他们眼中的偶像是真实与幻想参半的。而学生的生活比较单调，一般是家里、学校两点一线，接触的异性不是同学就是老师，接触多了产生幻想、崇拜和渴望是可以理解的。真正发展为“师生恋”的情况少之又少，所以，这位家长不必过分担心，只要合理地疏导和调剂，孩子是可以自行走出“暗恋老师”这个心理压抑区的。作为孩子来说，她现在肯定也备受煎熬，一方面知道不能对老师产生爱慕，明白这样的感情会影响自己的学业；另一方面，她却欲罢不能，不能控制自己对老师的向往。

专家建议

一般情况下，孩子有一定的自我调控能力，如果这种情感不影响孩子的生活、学习，家长大可不必干涉。但如果孩子的这种暗恋情愫影响了她的学业，家长一定要给孩子一些疏导。建议家长和孩子找机会开诚布公地谈一谈这个问题。家长要接受孩子的这种情感，不要带着嘲笑或批评的语气和孩子沟通，更不要对这件事情上纲上线。告诉孩子喜欢一个人没有错，也不是什么坏事，要坦然面对，不要刻意回避和躲闪，这样对自己对别人都是一种伤害。与其不敢看老师、不敢听老师的声音，还不如大大方方地面对老师，既然老师在孩子眼中那么优秀，不如加把劲把语文学得更好，在老师面前争取更好的表现。

家长要让孩子明白，即使她再喜欢老师，一个正派的老师一般也是不太可能同意和一个初中女生谈情说爱的。老师是成年人，有他的朋友和圈子，也可能已经有家室或者固定的女友，他不会违背师德、抛弃家庭和学生在一起，希望孩子最好不要浪费自己宝贵的时间。

随着时间的推移，孩子的这种情愫会渐渐变淡，家长可以分散孩子的注意力，引导孩子把精力用在学业上，慢慢淡忘这段感情。如果家长实在不好意思开口，也可以求助专业的心理老师，孩子或许更愿意向他们敞开心扉。

案例故事

初中生暗恋同学怎么办?

我女儿从小就有写日记的习惯，一般写了就随便丢在抽屉里。但是最近，我发现她有些反常，她居然给自己的小抽屉上了一把锁。我的第六感告诉我，女儿肯定有什么怕我知道的秘密。我趁她忘记上锁的时候翻看了她的日记，结果发现，她有了“小感情”，喜欢上了他们班的一个男生，那个男生就住在我家隔壁的小区。难怪她最近很注意自己的形象，出门前在镜子前面磨蹭很久。而且，最近老师也说她上课注意力不集中，上次的阶段性测验，她的成绩下滑得有点明显。女儿明年就要中考了，我担心她暗恋同学会分心而影响学业，有什么方法对她进行引导吗?

案例分析

随着青春期的来临，孩子的独立意识增强，性意识觉醒，开始注意自己的外部形象。他们情窦初开，突然发现了一个异性的世界，也发现了自我。他们的生理和心理都在成熟，情感也在成熟，同学之间的关系尤其是异性之间的关系变得敏感。他们一方面渴望被异性注意，另一方面又害怕被人知道他们的内心世界，因此，暗恋便随之产生了。这的确需要家长的正确引导，因为如果引导不当，可能引发不好的结果。

第一，妈妈与女儿进行朋友式的交谈，告诉她这个阶段对异性有好感是正常的，被异性吸引说明对方有值得她注意的优点、长处。第二，妈妈要倾听女儿讲述为什么喜欢对方，借此机会告诉女儿在与异性同学交往时要坚持两个原则，即一个是在公开场合与异性交往，另一个是广泛地交往，学习更多异性的优点和长处。第三，妈妈可以引导女儿向心理健康老师咨询，争取专业的心理辅导。

除此以外，家长可以帮助孩子创设情感转移的环境，使他们在人际交往、文化学习、兴趣爱好等方面获得发展，不再沉迷于暗恋的情感状态，将这份情感转移到有意义的娱乐活动当中去，以陶冶情操，寻找抚慰心灵的方法和途径，也可以鼓励孩子多参与体育活动，排解情绪。

案例故事

初中生早恋怎么办?

我自认为家庭氛围较为宽松，从小到大，一切涉及孩子的事情，我们家都是商量着来的。我的儿子去年升入中学，今年年初的时候，我无意间看到了他写给一位女同学的告白“情书”。出于对他的尊重，我并没有与他“理论”，而是私下与他妈妈做了沟通，我们都认为再观察一下。之后，我发现他和那个女孩的短信往来多了起来，有一次他洗澡的工夫，那个女孩竟然发了20多条短信给他，这让我有点惊讶。我和他妈妈商量过后，以别的理由限制了他的手机使用频率。本以为随着课业压力增大，这段感情会慢慢淡化。谁曾想，最近，孩子的姑姑居然在街上看见他与一个女孩手挽手走路，举止特别亲昵。我想在不伤害儿子的基础上处理他的这段“感情”，我该怎么办呢?

案例分析

随着社会生活水平的提高，处于青春期的少男少女们营养状况普遍良好，身体发育加快，性意识开始萌芽并躁动，较早地产生了与异性接触的强烈要求，这是孩子们的正常生理表现。家长和老师发现孩子有早恋苗头时，千万不要简单粗暴地训斥，不要乱给孩子扣早恋的“帽子”，乱贴早恋的“标签”，而是要了解他们的需求，及早发现问题并妥善解决，让孩子回归学习的“主战场”。

其实，很多孩子知道早恋是不好的，却依然还要谈，这就得具体分析他们早恋的原因了。第一种情况，孩子在家中得不到充分的爱和关怀，于是希望在异性的身上得到弥补。第二种情况是孩子认为对方对自己“有意思”，或者自己对对方“有意思”，逐步走进感情的漩涡之中，甚至陷入“单相思”一发而不可收。第三种情况是孩子精神空虚、寂寞，心思没有投入学习；或者是有从众心理，看到别人“谈朋友”，自己不谈怕被人说缺少魅力，于是也依样画葫芦，凑凑热闹。

了解了孩子产生感情问题的原因，家长就可以做到有的放矢了。如果孩子属于第一种情况，家长不管多么忙碌，都应该抽出一点时间来和孩子沟通。刚开始的时候可能会不太顺畅，时间久了，孩子就会接纳了。如果孩子的情况属于第二种，也就是我们传统意义上所说的“单相思”，那么家长就应该正确引导孩子，帮助他快刀斩乱麻。如果孩子属于第三种情况，那么家长要激励孩子好好学习。

除了“对症下药”，及时修复自己与子女间的关系外，家长对孩子的性心理、性生理教育要及时跟上，多向孩子们传授一些性启蒙教育和专项教育，引导孩子们正确与异性交往；特别是要教孩子们，尤其是女孩学会自我保护等相关知识。同时，家长要帮助孩子树立一个近期容易实现的目标，让孩子在进取中体会到成功的喜悦，进而将关注点转移到学习上。

案例故事

中学生沉迷游戏怎么办？

我的儿子读初二了，在一所还不错的学校。他小时候特别聪明，小学学习成绩也特别好，学习方面几乎不让我们大人操心。但是他进入初中以后就变了，尤其是开始打游戏之后。小学时候，他偶尔也会打游戏，但是很自觉，我们并没有过多干预。现在他沉迷游戏，学习成绩可想而知，下滑非常厉害。我们什么方法都用过了，但都没用。现在不让他玩游戏，他就威胁我们“不读书了”。我该怎么办呢？

案例分析

喜欢玩游戏是孩子的天性。现在的网络游戏对于孩子来说就像大人小时候的捉迷藏一样，因为居住空间和活动范围越来越局限，加上网络的便利性，孩子们不再聚集到一起玩一个游戏，而是聚集到网上，网络逐渐成为同龄人交往的重要内容和方式。要是孩子都不上网玩游戏，很可能在同辈群体中就没有共同语言了，所以家长一定要理解孩子。

但是，理解不等于纵容。我们不能无条件地放任孩子玩网络游戏，因为网络游戏可能会给孩子带来负面影响。网络的过度使用会使青少年对网络产生强烈的依赖心理，而对自己的主体生活——学习失去兴趣，缺乏毅力，自控能力下降，学习成绩下降，以致学业荒废。而且，青少年好奇心强，自制力弱，极易受到异化思想的冲击。网络既是一个信息的宝库，也是一个信息的垃圾场，网络虚拟世界中人际关系随心所欲。这些都会养成孩子以自我为中心的习惯，特别是网上的暴力、色情、欺诈等内容使得迷恋网络的孩子道德素质下降、道德观念淡化。要想孩子从游戏里走出来，必须要对孩子做适度的控制。

专家建议

首先是控制过度上网。家长可以和孩子讨论一下，一个星期什么时候可以上网，什么时候不可以，可以上多久等；还要考虑什么情况下可以上网，什么情况下不能上网，比如作业没做完不能上网，对成绩有影响不能上网，不能因为网络而回避一些家庭活动或社交活动等。注意在同孩子商量的时候，一定要让孩子参与进来，不能家长自己说了算。方案也可以附加一些惩罚条款——违背约定的人要付出代价，如果孩子超时或者影响学习成绩，要如何处理。

接下来就是严格执行，不要心软，注意对自己和对孩子不能双重标准。除了适度进行控制，家长也得引导孩子转变注意方向，培养孩子多元的兴趣。多带孩子参加一些社交活动或游戏项目，这不仅不会耽误学习，反而能让孩子更加聪明、优秀。

案例故事

初中生偷钱怎么办？

上个月，在一个月之内，我钱包里的钱莫名其妙地少了三次，前两次是100元，最后一次是150元。前两次我还以为是我记错了或者丢了，第三次，一大早还没出门钱就少了，反复确认不是家里其他人拿的之后，我不得不相信是儿子拿的。

我儿子正在读初二，虽然贪玩，但比较听话，放学就回家做作业。我平时也会给他零花钱，从来没有让他缺钱，想不通他为什么会偷钱。现在我还没有跟孩子摊牌，不知怎么处理。挑明了说吧，怕他不承认还抵触；不挑明吧，他要是以为我还没发现，继续偷钱怎么办？

案例分析

孩子私自拿钱的行为很多家长都遇到过，这是一个令家长感到非常棘手的问题。首先，我们有必要了解孩子拿钱的原因是什么，比如，孩子不能自主使用零用钱或零用钱不够；受他人指使、教唆或胁迫；用钱来“团”朋友；模仿家长大手大脚花钱等。如果钱够用还要偷拿家长的钱，那孩子需要的可能不单是钱了，有可能是一种自我补偿手段，或者是力量的象征。比如，心中有匮乏感，对金钱就会特别渴望和敏感；又或者是对家长有意见，通过拿钱来进行报复；也有可能是内心觉得自己非常弱小、不安，需要通过金钱来提升自己的心理能量……

专家建议

不管孩子基于什么原因偷拿家长的钱，家长都不应该劈头盖脸地给孩子一顿教训，更不能一来就使用惩罚手段。因为如果孩子确实是缺少教导，与家长之间有隔阂，越惩罚他内心会越空虚，这反而有可能激化他的偷窃行为。家长在发现问题之后，应该做的是静下心来与孩子沟通交流。

在交流的方式上，对小学生和初中生是有差别的。小学生对社会的评价还是以他利为主，当面说明这样的行为是不对的，小学生能接受。但初中生自我意识开始增强，“要面子”了，处理不当他很可能会叛逆，所以家长应先是旁敲侧击地表明态度，给他一个自我改正的机会。

建议家长第一次与孩子沟通时先不挑明他拿钱这个事，尤其不能把孩子的行为定性为“偷”，因为孩子并不认为自己的行为是“偷”。聊天的目的是为了了解孩子在什么方面需要钱。不挑明地谈，既让孩子知道家长已经发现了他的行为，但不责备他，又给了孩子一个自我教育的机会，他会知道不问而拿的行为是不对的。如果通过沟通了解，孩子偷拿钱财想要实现的愿望是不合理的愿望，家长可以将这个愿望合理化之后并实现。比如孩子想要一个名牌包包，这就是一个不合理的愿望，这个愿望背后的真正愿望是想让别人尊重自己，那么就可以合理引导孩子去赢得别人尊重的正确方法，而不是通过炫耀奢侈品来满足自己的虚荣心。

如果第一次谈话后孩子还犯，那么问题就比较严重了。家长可以开诚布公地和孩子说拿钱这件事，耐心沟通，倾听孩子的声音，争取孩子的信任，这是处理这种问题的有效方法。

案例故事

初中生自测患中度抑郁症，家长怎么办？

我的女儿是一名初三的学生，不知道怎么了，我感觉她这学期情绪起伏很大。本来就不爱说话的她，最近几乎和我们零交流，回家就把自己关在屋子里。她跟她的好朋友说她在网上测过，她得了中度抑郁症，这是她好朋友的妈妈告诉我的。我和她爸爸觉得应该没有那么严重，一个小孩子怎么可能得抑郁症？可是，我们想要帮助她却无从下手，这该怎么办呢？

案例分析

古语云“少年不知愁滋味”，家长大多认为孩子正处在充满活力的年纪，不用担心工作，不用养家糊口，有什么好抑郁的？其实，越来越繁重的学业，家长和老师越来越严格的要求，加上心理疏导的缺失，使原本应该活泼开朗的青少年变得沉闷、压抑，甚至患上抑郁症，这已屡见不鲜。因为青少年的心理很敏感，所以出现的心理问题大都是隐形的，而且他们一般不愿将自己的心理情况告知于人。

家长怎样发现孩子的心理问题呢？比如精神低落、生活空虚、心理承受能力差、社会适应能力差、学习效率下降、人际关系冷淡等表现，说谎、考试作弊、破坏公物等厌学现象和吸烟、酗酒、焦躁易怒、打架等过激行为，都有可能是不恰当处理抑郁情绪的表现。抑郁情绪如果不能及时被发现并疏导，长久以往就可能导致抑郁症。

专家建议

很多家长在气头上都容易说一些伤害孩子的话，但是无论如何，请不要否定孩子的存在。“早知道你现在这个样子，当初就不应该把你生下来。”“再这样下去，你就不要当我的女儿。”像这样的气话，对孩子的伤害是最大的。大多数孩子还处于世界观没有成形的状态，他们最需要的就是对自身的定位。如果这个时候和他们最亲近的人否定了他们存在的意义，他们的心理势必会受到不可治愈的创伤。这种心理创伤是会跟随孩子一生的，而且往往会成为抑郁情绪的导火索。家长应该多带孩子去散心，做到少问多看。对于抑郁者来说，描述自己的感受是一件很痛苦的事情，而且“表达自己”对他们来说并没有什么好处。因为如果对方认为他们真的有抑郁症，就会给他们贴上“病人”的标签；如果对方不认为他们达到了抑郁症的程度，就会认为他们“只是在矫情”而已。无论哪一个结果，都不会对抑郁情绪产生积极的效果。

家长与其口头询问，不如在陪伴之中慢慢地观察，通过细节掌握孩子的心理情况。保障孩子充足的睡眠和均衡的营养，多带孩子做运动、旅行是不错的选择。有抑郁情绪是正常的，是每个人都会经历的，在青少年中很常见，尤其是女生。只要孩子自身并没有认为这种情绪给学习、生活、情感等带来困扰，家长就不用过于担心，多陪陪孩子，多和他们聊聊学习以外的事情，才是对他们心理健康最大的帮助。

案例故事

怎样让爸爸参与育儿?

我的老公和现在的大多数爸爸一样，平时不怎么关心孩子的成长。孩子小一点的时候，只认妈妈，他插不了手。后来孩子上了学，他也就习惯了不管不问，平时只关心他的工作和朋友，回家不是玩手机就是看电视。他本身就不大爱说话，和女儿基本没有交流。女儿已经读初一了，平时挺乖，学习、生活基本上不怎么让大人操心，性格文静，不黏爸爸。我觉得父亲在孩子心中的位置是母亲代替不了的，时常劝老公多关心女儿，但他总说女儿挺好，没什么问题需要关心。我该怎样让他们父女的关系亲密些呢?

案例分析

父亲在育儿方面的参与度越高，影响越为正面，不论对孩子人格的形成还是对脑发育都是有益的。

但现在的一些家庭中，父亲长期“缺位”，往往意识不到自己的作用，而在育儿上甘愿当一个旁观者，让母亲成了“假性单亲妈妈”。

小女孩已经读初一，青春期的孩子与父母之间的关系是微妙的。对于青春期的女孩来说，父亲的影响比母亲要大，除了父亲的勇敢、宽厚等特点适应青春期孩子的心理特征外，女孩还可以从父亲身上找到理想化的异性形象，学会如何与异性相处。一个缺乏父爱的青春期女孩更容易从家庭之外的男性身上寻找父亲般的关爱，如果这份关爱突然失去，孩子很难面对创伤和打击。

专家建议

没有人天生就是好爸爸，完全可以通过学习成为好爸爸。对于青春期女孩的父亲来说，改善父女关系，首先要做好自己，树立一个好男人的形象。父亲的印象和权威建立在充分的信任感和安全感基础上，一个优秀的父亲不仅能陪伴女孩安全度过青春期，而且还有可能成为孩子未来选择爱人的参照标准。

夫妻关系对孩子的教育会产生深刻的影响，有些妻子不注意维护丈夫的形象，经常在孩子面前念叨父亲的无能和懦弱。如果女孩对自己的父亲丧失信心，她对男性的理想化也就可能丧失依托，对她与家庭外异性的交往产生负面影响。所以妻子要注意，不要在孩子面前贬损丈夫的形象。

许多父亲对进入青春期后的女儿会有意疏离，特别是对孩子的一些亲昵行为，表现出排斥和拒绝。其实，青春期女孩更需要父亲的关爱，父亲的拥抱和贴心的沟通可以给予孩子意想不到的安慰和力量，更能给予孩子面对和迎接青春期问题的勇气，所以父亲不要隐藏对青春期女孩的关爱，要让孩子感受到来自父亲的温暖。

案例故事

中学生攀比怎么办?

我的儿子读的是民办初中，最近我发现他们班的攀比之风越来越严重。平时学校要求穿校服，没有机会穿自己的衣服，所以男孩子们就把注意力放在了鞋子上。最近几周，儿子回家会有意无意给我说起班上某某同学又穿了一双一千多元的鞋子，特别羡慕。而且，孩子之间会以鞋子的价格分堆，几个“层次”的孩子之间会形成“鄙视链”，我觉得这就是变相的“校园欺凌”。更有甚者，有的孩子为了攒钱买鞋子不吃饭或者少吃饭，把生活费省下来。作为家长，我该如何引导孩子形成正确的价值观呢?

案例分析

攀比是很正常的心态，相信每个人或多或少都有攀比心。良性的攀比可以促使人努力，比如努力考一个好成绩，努力获得奖项等；畸形的攀比则可能导致人沉沦，丧失前进的动力，关键看如何把握攀比心态。

中学生正处在青春期，这是一个正在寻找“我是谁”的微妙的探索阶段。孩子往往会利用身边触手可及的物质，比如鞋、手机、眼镜等作为外在的载体，来承载他对生活以及自我成长的期待。在服装统一的情况下，鞋自然就成了重要的载体，而穿名牌鞋、高价鞋就会让孩子显得更高端、更有面子、更独特。孩子未必觉得这是一种攀比，他们更多认为这是在表达与众不同的需求和愿望。

专家建议

如果孩子开始出现畸形攀比，家长千万不能强硬打压，那样只会让孩子产生逆反心理。如果他的要求不能在家庭中得到满足，心理上还受到负面的刺激，也许他会寻求外界的“帮助”，这样很容易被坏人利用。

面对孩子的攀比心，家长需要做些什么呢？首先要反思自己是不是存在过度攀比的心态。孩子追求名牌、高价的心理，除受社会影响外，与家长的审美观、消费观有关。有些家长认为现在生活条件好了，应该给孩子买高档服饰，带孩子出入高档场所，以此满足自己的虚荣心；有些家长宁愿自己省吃俭用，也要让孩子在别的孩子面前“不掉价”，这些行为对孩子是一种误导。正确引导孩子，首先家长要以身作则，要提高自身的审美情趣，端正消费行为，以身立教。

其次，家长应通过教育使孩子明白自己是一名学生，主要任务是学习，应把主要精力放在学习上。引导孩子在学习、劳动、品德方面与同学展开竞争。即使家庭条件允许买名牌衣服，也要讲究穿着的环境，上学时以穿校服和其他朴素大方的服饰为宜，这样就不会让孩子在穿着上产生优越感，而能与其他同学平等相处。

当然，遏制攀比之风，学校教育要与家庭教育配合，家长应该与老师一起全面关心孩子的思想和行为变化，以便及时做好教育工作。

案例故事

中学生太叛逆怎么办？

儿子自从进入初中后就有厌学的倾向，平时比较贪玩，也逃过课，老师经常找我们，我们为了他操碎了心。每一次他犯错，我和他爸爸都会严厉地批评教育他，但是收效甚微，过不了两天他就又犯错了。可能是因为他进入了叛逆期，我们觉得和他之间的沟通越来越困难，天天都会因为学习上或生活上的事吵架。他爸爸有时候气急了就会说一些狠话，他不知道听谁说的我们教育他就是对他“家暴”，动不动就威胁我们说要报警。这样下去怎么得了，我们该如何教育他呢？

案例分析

与这位家长类似，很多初中生的家长都很苦恼：“老师，我家孩子最近越来越不爱和我说话了，我一说话，他就嫌我烦。”“老师，我家孩子最近好像心情特别不好，动不动就摔门，我都不敢管，到底该怎么办？”所以，如何与孩子有效沟通是很多初中生家长都曾有过的苦恼。

初中阶段的孩子正值青春期，叛逆，但从初一到初三，每一年孩子的心理特点其实并不一样。如果家长不能掌握孩子的心理变化，那势必会发生孩子不愿意和家长亲近，有秘密不愿意和家长分享，甚至把家长看成“仇人”的情况。

初中生每个阶段的心理特征大致是：

初一的孩子自我意识开始发展，有一定的评价能力，但容易受外界影响，或自满，或自卑。一方面不希望大人管束、制约自己；另一方面又希望得到老师和家长在生活、学习中的帮助。

初二的孩子表面上什么都不在乎，实际上从众心理很重，既想标新立异又担心脱离集体。由于心理发展与生理发展严重不平衡，就会出现程度不同的对抗情绪，产生逃避、说谎、破坏、暴力等不良行为。

初三的孩子学习成绩和兴趣爱好相对稳定，心理发展迅速，开始趋向定型，自尊心大大增强，比初一、初二的学生更渴望教师和家长的尊重与理解。

要掌握孩子的心理变化趋势，家长与孩子沟通时要注意方法与技巧：

沟通的问题不要太空洞。话题最好是孩子感兴趣的话题，诸如“今天如何？”“学校好吗？”这样的问句最好不要常用，因为孩子会不自觉地想保护自己。家长要学着用一些日常的东西来引出话题，比如孩子感兴趣的电视节目就是一个好开头。

主动分享自己的感受。当然，家长不要把心中的担忧向孩子表明，这会增加孩子的心理负担，但有时不妨主动与孩子分享自己的心情、感受，以及对事情的看法，这样孩子也就比较容易向家长诉说他的心情、感受与看法了。

不要取笑孩子的任何问题。不管孩子跟家长说什么，千万别笑他。孩子的世界与想法和大人是不同的，除非孩子自己也在笑，否则别去笑他。尤其当孩子很认真地告诉家长什么时，轻蔑或不相信的态度会伤害孩子，导致他以后不再跟家长谈了。

真正倾听孩子讲话。当孩子有与家长沟通的欲望时，家长最好是立即去“听”孩子要说的。如果家长一而再再而三地忽略他，他便会慢慢地失去“告诉你”的兴趣。另外，在“听”孩子说话时，最好有目光接触，让孩子知道家长真的愿意听。如果不能做到立即“听”，也要给孩子一个确定的时间，比如“请等我十分钟”。

家长一定要时刻关注孩子的变化，第一时间做出调整。

案例故事

中学生嫌父母啰嗦怎么办？

我的女儿读初一，住校，一周回家一次。她上初中之前从没离开过家，所以我很担心她住校是否能适应。我每晚都要给她打电话，问问她当天的学习和生活，我总感觉她接电话很敷衍，没说两句就想挂电话。周末回家，我想和她聊天，她就借口要看书把房门紧闭。我叮嘱她和同学搞好关系，上课要认真，她打断我的话说“知道了”。有几次，我听到她和同学打电话，抱怨我太啰嗦。我只是想关心她，为什么她不能理解我呢？到底要怎样和这个阶段的孩子沟通呢？

案例分析

上述事例是家庭中很普遍的现象。自从有了孩子之后，啰嗦似乎成了父母的天性，孩子做错了什么事，父母都喜欢拿过来说一通，孩子不听，父母就开始翻旧账，直到孩子不再反抗自己为止。这其实是很不好的。父母针对同一问题不断说教，就是一种单调的刺激，孩子慢慢会关闭自己的耳朵，父母的话就会变成背景噪音，孩子充耳不闻。特别是青春期的孩子，长此以往会封闭内心，不愿和父母沟通，甚至出现逆反心理。这种现象在心理学上叫作“超限效应”，就是指刺激过多、过强或作用时间过久，从而引起极不耐烦或逆反的心理现象。

专家建议

孩子进入青春期之初，父母就要注意和孩子的交流方式了。如果父母觉得现在的交流方式孩子很不喜欢，可以做一些改变。

首先，父母要相信孩子，学会倾听。父母要相信孩子并不是想故意犯错来挑战自己，很可能只是他不知道或者还没有足够的能力做好。父母与孩子沟通需要谈自己的意见，但更需要耐心地倾听孩子的想法。倾听意味着避免打断孩子的话，集中精力于交流的过程。与孩子沟通最好在安静的地方进行，排除可能使人分心的干扰。做一个耐心的倾听者能使父母了解孩子的问题和观点，有助于澄清事实，避免对孩子产生误解。

其次，亲子沟通是有技巧的，父母需要学习。对孩子发出的指令要简单明确、现实可行。比如，看到孩子的书桌很乱，可以直接告诉孩子："我希望你把桌面清理干净，给你一小时时间专心完成作业，完成后你才可以走出房间做其他事。我相信你能做到的。"指令中包含时间、任务和对他的期待，清晰明确，现实可行。面对孩子的错误，父母应该就事论事，不要翻旧账、贴标签和批判。比如，孩子单元测验成绩不理想，没敢告诉父母，事后被发现，父母可以说："孩子，你今天回家没有主动告诉我单元测验的成绩，我感到很不开心，妈妈希望你可以主动让我知道你的情况，并且给我机会帮助你。"这样描述孩子行为、说出感受、表达需求的句子，孩子更容易接受并且做出回应。

最后，给孩子成长的时间。孩子学习、成长并不是沿着一条平滑的直线进行，孩子的成长轨迹更像是波浪线。所以，父母一定要给孩子留有"试错"的时间和机会，与孩子交谈点到为止，让孩子自己去思考、学习和成长。这样，孩子会敞开心扉，以父母为友。父母也会更快体验到"一语千金"的力量，享受和谐亲密的亲子关系。

案例故事

中学生想整形怎么办？

我的女儿今年13岁，是一名初中生。最近一段时间，她表现得比较奇怪：每天上学之前都要照很长时间的镜子，甚至还经常因此迟到；因不想穿校服而和家人大吵；在饭桌上抱怨自己的相貌，和我们争吵不断……前几天她突然说不想去学校了，只想在家里待着。最可气的是，她居然跟我说想在寒假的时候去整形，割双眼皮。我们大吵一架，最后她要挟我，说如果不答应她去整形，她就不上学了。我该怎么办？她这么小，我是坚决不会同意她整形的。

案例分析

“爱美之心，人皆有之”，不可否认，铺天盖地的整形美容广告不仅让成年人心动，也诱惑着一些未成年人加入“爱美”大军。孩子进入青春期后本身就有强烈的求美心理，加之社会上一些消息的引导更会让孩子动心。

未成年人单纯为了追求更好的外貌，是不建议做整形美容手术的。割双眼皮、隆鼻、削骨和抽脂……这些手术不仅需要身体上的成熟，还需要心理上的成熟，整形者需要有充分的准备面对一系列未知的手术风险。未成年人在心理未完全成熟定性之前盲目跟风在所难免，但其承受能力有限，一旦手术失败，心理上和生理上遭受的打击都是巨大的。

专家建议

一定要教育孩子形成良好的自我观念。自我观念是指一个人内心深处对自己的评价，具有良好自我观念的人能够正确认识自己，喜欢和接纳自己，保持心情愉快，对自己充满信心。一个人的自我认识和自我实际越接近，社会适应能力就越强，一个人能认识自己、接受自己，自卑心理相对会弱一些。

对女孩还应进行“自尊、自爱、自重、自强”的教育。一方面要培养女孩在学习中有顽强的毅力，不被传统的“女性是弱者”的观念所束缚，有自信心，敢于竞争，克服自卑、胆小的不良心理状态，活泼而严谨，仪表端庄而不随便。另一方面，女孩想整形，希望自己在服饰、外表方面引人注意，这种想法是可以理解的。但是不要让“美貌第一”占据思维，只重容貌还是少数人的思想，而重美德才智才是社会所共同认同的。要教育女孩千万不要把美貌当成万能的。

必要的时候，可以整理一些整形失败的案例给女孩看，和女孩一起讨论一下，如果她整形失败，是否可以承受后果。告诉女孩，如果不接纳自己，就算整形成功了，也还是会觉得自己不完美，心理上是无法接受的。

案例故事

孩子打骂父母怎么办？

我的女儿今年14岁，上初二，可能是到了青春期，她变得特别叛逆，甚至有点暴躁。我和老婆分开了，女儿判给了我。女儿可能因为我和她妈妈离婚的事情一直对我不满意，把离婚的错全部归结在我的身上，认为是我常常不回家造成她失去了完整的家庭，她恨我。上初中以后，女儿在家里不是摔东西就是骂我，骂的话非常难听。我忍不住要动手打她，结果是她会变本加厉地骂我，甚至动手打我。亲戚朋友都不相信女儿是这样的孩子，因为她在外人面前是那么文静秀气。我现在感觉很绝望，挣那么多钱有什么用？女儿变成了这个样子。有什么办法可以改善我们之间的关系吗？

案例分析

青春期孩子对父母的打骂、逼迫等暴力行为被称为“青春期家庭暴力”。这些孩子的特点是在外面表现得较为正常，但在家里经常和父母有激烈的冲突。

“青春期家庭暴力”心理的形成，首先和父母的不当教育有关。父母在养育孩子的时候，一方面过度地承担了孩子应该做的一些事情，剥夺了孩子应有的成长锻炼机会；另一方面，父母很容易把孩子当作自己的私有财产来支配，没有把孩子当作独立的人予以尊重，并理所当然地把自己的价值观强加到孩子身上。在进入青春期之前，父母可能觉得孩子还很听话，任由摆布。但孩子到了青春期，会越来越有自己的主张，会坚持按自己对事物的认识而行动。而此时，有的父母会认为孩子是幼稚的，对事物的看法是不全面的，总要阻止他们，冲突就来了。

父母认为孩子不听话，自己的权威受到了挑战，按自己的意愿塑造孩子的信心受到了打击，于是批评、教训孩子的话越来越多，表扬的话越来越少，甚至动手“镇压”。这样做的结果会有两种：一种是孩子被“驯服”了，变得听话，认可父母的价值观和处事方式；一种是孩子产生逆反心理，和父母顶嘴，继而和父母对骂、对打。可以说，父（母）子之间的暴力是互动的，不是单方面的，而最初的发起者是父母。父母尤其是父亲的行为会对孩子有潜移默化的影响。如果一个父亲经常对妻子、孩子或其他人拳脚相加，孩子就会认为武力是解决问题的最好方法，需要的时候他就会模仿。

“青春期家庭暴力”还与亲情的缺失有关，在留守儿童和单亲家庭的孩子身上比较常见。

专家建议

父母首先要意识到自己在教育孩子方面存在的问题，比如父母有特权或霸权、对孩子不尊重、在和孩子沟通方面存在障碍等等。建议这位父亲暂时停止一切对孩子的管理，如果孩子与妈妈感情好，可以暂时由妈妈抚养和管理孩子，再进一步调整亲子关系。

要想取得远期效果，父母不应该把自己的价值观强加在孩子身上。平时少训斥孩子，更不能使用暴力；要以表扬为主，表扬要及时、肯定、实事求是，尤其要对孩子的做事态度而不仅仅是行为结果给予表扬。

一个人感受到的爱越多，才能付出更多的爱；得到的尊重越多，才会懂得如何尊重别人。这对任何人都是一样的。

案例故事

男孩“娘娘腔”怎么办？

儿子从小就比较文静，爱干净，爱漂亮，说话轻声细语，一点也不淘气。小学时我还没有觉得有什么，上初中后发现他有些女性化的表现，做事不勇敢不果断，做什么都要有人陪着，一点也不像男子汉。他的同学也开他的玩笑，说他“娘娘腔”。老师反映他平时上课不敢回答问题，也不提问，还喜欢“告状”。不知道是不是和他的爸爸常年不在家有关系，他从小是跟着姥姥、我还有小姨一起生活的。这种情况怎么改善呢？

案例分析

当家长发现孩子有点“娘娘腔”倾向的时候不要表现出大惊小怪，因为这样只会加深孩子对自己的异样感，并进而发展为自卑感、内疚感，时间久了就更难克服。

孩子“娘娘腔”肯定与家庭环境有关系。有很多家长会比较喜欢女孩，然后在家里经常说：“我要是生个女孩就好了。”类似这样的话家长如果经常在家里说，会引发男孩的某种期待，殊不知说者无心、听者有意，长此下去男孩便可能在自觉或不自觉中将自己的行为方式和性格有意向女孩“靠拢”。更糟的是，还有的家长出于对女孩的偏爱，竟然将自己家的男孩“装扮”成女孩模样。家长的这类做法会在一定程度上助长孩子的“娘娘腔”倾向。孩子从小到大周围都是女性亲人，爸爸很少在身边，这也是一个原因。所以家长要多留意孩子的言行举止，如果存在不当的地方要及时改正过来。

爸爸在培养男孩的阳刚气质中起着至关重要的作用。不能因为爸爸忙，就把事情都交给妈妈，许多事情需要爸爸来做，妈妈来做是不能达到很好的效果的。爸爸一般没有自觉性去主动教育孩子，这时候妈妈要主动要求爸爸，让爸爸参与教育，这样才能让爸爸将阳刚气质“传递”给男孩。所以，如果爸爸现在还不在孩子身边的话，可以和爸爸商量一下，看爸爸可不可以为了孩子考虑换工作或者多回家，工作再重要也没有孩子重要。或者，引导孩子多接触家族中的男性长辈，如舅舅、叔叔、表哥，让他们多陪伴孩子。

孩子正处于长身体的阶段，多参加一些户外活动，能够开阔心胸和视野，还能强身健体。爸爸可以陪儿子做一些运动量大的游戏和活动。父母陪同孩子一起参与户外活动，不仅能增强亲子间的交流，还可以给孩子树立好榜样。孩子多参加户外或社会实践活动，能够开阔眼界、增进人际交往技能，变得更活泼自信。

妈妈应该从吃穿住行等各种生活细节上提醒男孩。妈妈的性别强化教育，能让男孩知道自己应有的行为模式，从而得到及时和有效的引导。男孩应该怎样走路、说话、穿衣服，怎样表达情绪，这些细节要在生活中时常提醒，让男孩能明确男性的行为模式。如果男孩的言行像女孩，妈妈应该提出来，防止他将女性化的举动变成习惯。

案例故事

高中生缺乏动力怎么办？

我的孩子今年读高一，在一所比较好的高中。我近来感觉他变得怪怪的，以前还会和我们聊天、开玩笑，但现在基本上不与我和他爸爸交流，问他什么话，他只用两三个字回答。节假日有空闲的时间，他都选择"宅"在家里，不约同学出去，也不跟我们出去，偶尔会翻一下书，但大多时候都在玩游戏，睡得也很晚。我们觉得他的状态不好，希望他调整一下。但是一说他就急，而且怪我们不理解他，特别委屈。这次半期考试排名又往后跌了很多，他觉得学习很累，没有动力。作为家长该如何引导呢？

案例分析

学习是件辛苦又充满乐趣的事，高中阶段是学生对学习感情最为复杂的时期。高中阶段，学习压力逐渐增大，很容易让学生感到乏味，不少学生出现了厌学、学习没动力的现象，家长十分着急却又找不到合适的方法帮助孩子。其实，孩子厌学、缺乏动力的原因不尽相同，还须逐一分析。

亲子关系差。这类高中生的亲子关系欠融洽，沟通停滞，在紧张僵持的亲子关系里，他只能以自我伤害的方式来让强势的家长产生痛苦的体验。

情绪不稳定。这类高中生容易受周围环境、人际交往等因素影响，从而无法安心学习。焦虑、失眠、注意力不集中等困扰过度地消耗了他的精力，最终学习受到严重干扰。

不了解自身潜能、优势。这类高中生看不到自己有多大希望，表面在学，心中却在放弃的边缘。根源在于对自己能力的评价往往不够客观，抗挫折能力弱，有些人甚至对自己绝望。

目标不明确。这类高中生不知道学习的真正目的是什么，多数是为父母、为老师、为考上好大学而学习，对自己未来的发展没有思路和方向，只是随大流。

学习效率低。这类高中生记忆能力、思维转换能力、逻辑推理能力等有待提升，学习技能发展滞后，学习方法不得当，导致经常完不成学习任务，容易陷入书山题海，学习效率低下。

专家建议

首先，父母要调整亲子关系，接受孩子的现状。父母要知道，再焦虑也不能改变目前的结果，不如先接受孩子的现状；同时，多关心孩子，多一些亲子沟通，面对面的、肢体的、文字的都可以，以拉近彼此之间的距离。

其次，寻求帮助，通过第三方与孩子沟通。向孩子的班主任、孩子认可的亲戚等寻求帮助，通过他们了解孩子的真实想法，探究孩子缺乏学习动力的真正原因，再来思考对策。

再次，承认差异，发现孩子的潜力所在。父母要承认孩子之间的个体差异，了解自己孩子的潜力，给孩子提出合适的目标。不要只是为了自己的面子逼着孩子读书，在压力下读书是读不好的。

最后，注重实际，为孩子解决具体问题。在孩子遇到困难时，如果父母只是在旁边说“我相信你”，这样意义不大，要帮助孩子解决具体的问题。比如，把一个比较困难的大任务分解成若干个小任务，帮助孩子克服畏难情绪，是体验成功、提升自信心和兴趣的有效方法。

做一名榜样家长。“一流的家长做榜样，二流的家长做教练，三流的家长做保姆”。在孩子学习时，父母不要跑去看电视、打麻将，而是坐在孩子身边一起看书学习。当父母的工作很有动力、很有成就感时，这种情绪会潜移默化地影响孩子。

案例故事

高中生过分自责怎么办?

我的女儿成绩优秀，从小学到初中一直是班里前几名。因为她爸爸工作的变动，我们一家搬到了成都，所以她也就来到成都读高中。女儿本来信心满满，说她就算到成都读书也是“学霸”，结果哪承想入学后考试一而再再而三失利，这对她打击不小。她对自我要求比较高，我们一直在开解她，但感觉她听不进去。她现在总说自己没有未来，经常自责不够努力，贬低自己，说自己没用，还说她让我们丢脸了，拖累了我们，连人都瘦了一大圈。我们该怎么引导她呢?

案例分析

青春期的孩子生理、心理都发生了很大的变化，如果这种变化没有朝着他们期望的方向发展，他们就会自责，否定自己。正常的自责有助于消除缺点、改正错误、提高个人修养，这是可贵的品质，是自我控制的重要基础。这让孩子在一个时期感到痛苦，可随着对自己出现问题原因的认识和对自己改正错误信心的认定，这种痛苦会逐渐减轻甚至消失，让孩子回到自尊、自信的状态。这是一个正常的心理活动过程。但是，过分的自责却是消极的。孩子在与他人进行比较后，觉得自己不如别人，进而表现出软弱、精神不振等心理失衡状态，是孩子对自己的能力做出偏低评价的一种自我意识或自我否定。

专家建议

过分自责会对孩子的生活产生根本性的影响。家长对青春期孩子的自责问题必须加以重视和引导，让他们变得自信、勇敢起来。

教孩子接受自己的情绪。家长要告诉孩子，因为一时的挫折有些自责是人人都会有的情绪，情绪本身并不是坏事；感受到自责的时候，不用过于在意它，不用去阻止它，也不用去逃避它，可以把情绪说出来或者写下来。

让孩子学会自我激励。在孩子接受了情绪之后，帮孩子转换思维，把挫折、不幸当作锻炼的机会。家长可以告诉孩子，世界上凡是成功之人没有谁不经历波折、痛苦，这些小小的困难一定能战胜。自我激励不但能改善情绪，更能使人坚强勇敢起来。

引导孩子确定目标。目标对孩子的影响是巨大的，一个合适的目标会端正孩子的学习态度。只有在目标的引导下，孩子才会自我激励，不断前进。家长只要在孩子取得一些微小进步的时候及时给予表扬，就会让孩子有更足的动力前行。

告诉孩子不要随便否定自己。家长要告诉孩子，人无完人，人的一生总会有起起落落，总有不如别人的时候，这时应该正确地认识问题，认识自己，绝不能轻易地否定自己的能力。告诉孩子，只要找出差距，奋力追赶，总有一天会超越自己，超越他人的。

上中学的孩子，更需要家长的耐心与理解、尊重与倾听。家长最好能放下姿态，更多地听孩子说，不评判，不贴标签；感受孩子的感受，看到孩子的不容易，关注孩子做得相对较好的地方，把优势扩大化，让孩子有希望和动力。这比只关心孩子的成绩更容易让孩子接受。

案例故事

高中生拒绝与家长沟通怎么办？

女儿去年参加中考，转眼下半年就要读高二了，我发现越来越不知道怎么和她沟通了。以前读初中的时候，女儿可听话了，让她怎么样就怎么样，而且在学校有什么也愿意回家和我聊聊。现在上了高中，什么都要跟我唱反调，而且我才说几句她就嫌烦，我感觉她瞧不起我似的。本身孩子学习任务重，每天早上七点半出门，晚上八九点才回来，周末双休还得抽一天出来补课，我看着也挺心疼。我们基本上一天说话不超过十句，她那么忙，我也舍不得再耽误她的时间。可是我总觉得对孩子越来越不了解，想知道她的心情如何，却不知道如何开口。

案例分析

怎样与孩子进行科学有效的沟通是一个一直让很多家长头疼的问题。高中是孩子成长的一个最重要的时期，和孩子沟通极为重要。因为孩子读高中以后，学习压力越来越大，情绪就会随之波动，父母这时候更需要了解一些与孩子沟通的知识，这样才能及早地发现问题，并有效地帮他们排忧解难。

专家建议

当家长与孩子之间出现了沟通障碍，家长首先要反省自身，是不是有不当的语言和举止阻碍了与孩子进一步交流。要想和孩子沟通顺畅，家长就要理解、体贴孩子，更需要进行换位思考。因为大家站的角度不一样，看问题往往会有差异，如果换位思考，问题就很容易解决。

在沟通的过程中，家长要将“我讲”变为“我听”，认真倾听孩子的心声。倾听时，注意力要保持高度集中，让孩子感受到你的关注与尊重；孩子讲得有道理的地方，要通过语言、目光或体态表示肯定；孩子的错误观点不要急于纠正，不要打断孩子的讲话；要理解孩子由于年龄和表达能力有限，无法准确表达内心想法而可能产生的偏见或者误会。

针对不同性格的孩子，家长可以采取不同的方法沟通。如果孩子性格内向，家长应主动与孩子交谈，鼓励孩子谈谈学校、老师、同学，对某一社会现象发表看法。孩子说出自己的观点后，家长应予以赞扬；如果孩子与自己的观点不一致，家长不要急于指正，要耐心地与孩子交换看法、统一认识，这样孩子就会逐渐愿意与家长交谈。如果孩子性格外向，喜欢交谈，家长就应多听孩子讲，这样孩子会感受到家庭的温暖，从而信任家长。

无论什么性格的孩子，既然已经是高中生了，就具有一定的分辨能力，家长可以把自己在生活中遇到的一些烦心事讲给孩子听，让孩子懂得父母的难处。孩子能够理解父母，愿意为父母分忧，家长要表示欣赏，并与孩子一起出主意、想办法，采纳孩子有价值的建议。这样，孩子会感到家长十分尊重自己，更感到自己长大了；同时又使孩子学习到为人处世的正确方法，有利于他们的健康成长。

沟通不要局限于语言的沟通，还可以采用玩游戏、听音乐、写书信和亲子共读（同读一本书）等方式培养亲子关系，最主要的是在沟通中增进感情。话题也不要仅限于学业，切忌总谈分数，最好多谈如何学做事、学共处、学做人等话题。

案例故事

高中生爱玩手机怎么办?

我儿子读高二。因为他要住校，我给他买了一部手机方便联系。后来，学校明令禁止学生使用手机，我便要求他把手机放在家里。我们全家的手机费用是绑定在一起的，最近我明显感觉上网流量使用量大。我猜测儿子在偷偷使用手机。问过他之后我才知道，他用自己的零花钱先后购买了两部手机。我和他爸爸非常生气，教训了他一顿，没收了他的手机，不再给他零花钱。但是我觉得这不是长久之计，有什么好办法让孩子不沉迷手机吗?

案例分析

如今随着生活条件越来越好，越来越多的中学生拥有了手机，越来越多的孩子沉迷于手机的世界里。怎样让孩子合理地使用手机，成为家长的一大难题。正处在成长发育期的中学生沉迷于手机、网络，不仅会影响他们的身体健康，还会对他们的心理产生负面影响，导致学习成绩下滑、亲子关系出现问题、人际交往产生障碍等。

孩子为什么依赖手机？原因各不相同：有的孩子喜欢社交，QQ、微信里面有那么多的人可以交流，对孩子的吸引力非常大；有的孩子喜欢玩游戏，长期“战斗”积累下来的“战果”和经验使得孩子成就感爆棚；有的孩子喜欢看电影、听歌、看娱乐新闻，这让孩子总想摸手机……如果孩子特别依赖手机，家长最好先分析一下原因，然后对症下药，找到应对方法。

专家建议

家长应意识到，采用“围堵”的方式把孩子跟手机隔离开，只会激化孩子的好奇心，让孩子对手机的兴趣更浓厚，逮住机会就猛玩一通，更容易沉迷其中。严禁孩子玩手机的做法，绝大多数都没起到预期的效果。要帮助孩子逐渐摆脱对手机的沉迷，建议先理解接纳孩子，再与孩子共同商定规则，施以正确引导。大人都无法完全抵御外界的诱惑和干扰，就更不能要求孩子“两耳不闻窗外事”了。试着理解孩子玩手机的需求，与孩子一起制定使用手机的规则。规则内容包括使用手机的原则，比如上学期间不允许带手机，作业写完之后才可以使用等；规定玩手机的时间，比如连续使用手机半个小时必须暂停使用十分钟等；制定惩罚条例，除规定时间外，其余时间玩手机就要接受惩罚，对此家长一定不能轻易妥协；如果孩子合理使用手机，记得表扬孩子，适当地给予奖励。

家长在抱怨孩子沉迷手机的时候，是否反思过自己对手机有多依赖呢？要想孩子摆脱手机，家长一定要营造出阳光积极、爱运动、爱读书的家庭氛围。多跟孩子出去走走，一起打打球，一起读读书……这样孩子就不会太沉迷手机。

案例故事

高中生住校不适应怎么办？

我儿子高中住校，刚开始他觉得还很新鲜，觉得很自由。可是从第二个学期开始，他与同宿舍的同学之间产生了一些矛盾，最近总闹着要回家住。他发现有一个同学总是使用他的洗发水和牙膏；下了晚自习回到宿舍，总有同学会玩闹，让他没办法学习和休息。为此儿子找了宿管老师，没想到老师的介入不仅没有解决问题，反而让宿舍关系更紧张，有同学趁他不在把酸奶泼到他的床单上。儿子长这么大第一次离开我们住校，听到他说这些我很心疼，想让他回来住，但是又觉得他这么大了，应该出去锻炼锻炼，男子汉大丈夫，不能一遇到事就往家里躲。我该怎么做呢？

案例分析

很多家长让孩子住校是希望孩子在集体生活中学会独立、增强自理能力，同时尝试学习与不同的人相处。还有一些家长期待学校能有更严格的管理，让孩子更专注于学习。住校生活客观上的确具备这样一些条件，然而并不是让孩子住校，家长期待的一切就会自然发生。所以选择了住校，家长仍然要关注孩子，在人际交往、自我管理、应对困难等方面与孩子讨论，引导孩子去摸索、学习和尝试正确合理的方式方法。中学生学习生活中的矛盾冲突相对来说比较简单，这些矛盾冲突大多缘于误会。因为一个玩笑、一个眼神、一声坏笑以及语气的生硬就可能产生矛盾，有些矛盾会不了了之；可有些矛盾可能会进一步恶化，导致过激行为，最终成为不可调和的矛盾。

专家建议

家长对孩子之间的矛盾冲突要有正确的认识。冲突并不全是坏事，有时也不可避免，以后孩子会深刻地认识到此事不能做和应该怎么做，就不会再犯类似的错误了。

在引导孩子解决矛盾时，家长要告诉孩子宽容对方。双方虽然都有责任，但同学之间很少有恶意的攻击，要能理解、容忍对方的一时之举。如果与同学闹僵了，不要总是试图让两人的关系恢复如初，因为这时双方的心理都处于一种适应阶段，适当的疏淡是与此时的关系程度相适应的。若是与关系不错的同学发生了矛盾，矛盾又不是太大，可以先采取冷处理的方式，过一段时间后自然会淡化矛盾，到时主动关心对方，矛盾也就解决了。有些同学，特别是中学生在发生矛盾之后，往往因负气不愿主动与对方交往，一方面顾及自己的面子，另一方面担心对方不接受而尴尬。其实，只要机遇把握得好，双方的不愉快很容易化解。可以建议孩子理智地约请对方谈一次，把自己的想法、观点、建议全盘托出，让对方参考，不必强求。谈话时要讲究语言艺术，注意分寸感，尽量使语言幽默、诙谐，以缓和紧张的局面。如果一时无法解决矛盾，可以请团队组织或班主任老师协助解决。

案例故事

高中生被传绯闻怎么办?

我女儿读高二，最近感觉她心事很重，情绪不高，有意无意地向我提过几次不想去学校。我请她好朋友的妈妈帮我侧面打听了一下，才知道女儿在学校确实遇到了一些困扰，好像是有高年级的男同学喜欢我女儿，在学校有意接近她，但是我女儿没有理会。不过，其他不了解情况的同学就捕风捉影、以讹传讹，说我女儿和那个男生在谈恋爱。我女儿有些难为情，又不知道如何解释，就越来越郁闷。我们家长该如何帮助孩子呢?

案例分析

这种情况可以说普遍存在于校园里，尤其是中学校园。青春期的孩子对异性产生了强烈的好奇心，情感刚刚萌芽，不好意思谈论自己的事情，但谈论别人和听别人的故事则是津津有味，所以对男女之间互相喜欢的话题特别感兴趣。而且，他们在私下谈论这些事情时，会因为看到绯闻的主角深受绯闻的影响痛苦不堪而幸灾乐祸，在诋毁别人的过程中加强对自我的肯定。最关键的是让绯闻传播者看到，绯闻的主角并没有受到任何影响，从而认为传绯闻没有意思，最后自动停止传播。

首先，家长不能带着偏见与怒气与孩子探讨这个问题，也不必为这个问题感到惊慌。孩子在青春期对异性产生好感，这是一种正常反应，是生理和心理健康的一种表现。与其把它当成一件丑事加以批评指责，不如把它看作是美好的事情并对之加以引导。要选择在孩子相对愉快、放松的时刻与孩子谈论这个话题。先听听孩子对这件事的意见，再做引导。注意措辞、语气，青春期的孩子敏感，如果感觉这个话题让她不舒服，她可能不会与家长进行深入的交流。家长应该告诉孩子，应对绯闻，首先应该淡定，最简单的办法就是无视，该读书读书，该玩耍玩耍，不直接反驳，也不为绯闻所动。如果听到有人在议论，可以微笑应对，这样既表现出了礼貌和风度，还会让绯闻制造者和传播者知道你的心情根本没有受到绯闻的影响。也可以主动出击，让绯闻制造者和传播者意识到自己的无趣。

如果听到有人在议论自己，可以回一句“是吗？这么有意思哦？！”来讽刺对方的无趣。绯闻传播者意识到自己的无趣之后，就会觉得没意思，会主动停止传播行为。如果孩子依然觉得被绯闻困扰，已经出现了情绪甚至精神上的问题，家长可以帮助孩子寻求法律手段保护自己。因为语言欺凌也属于校园欺凌的一种，制造和传播绯闻的同学应该为自己的言行负责。

案例故事

亲人离世，如何安慰孩子？

我的女儿在读高中，她的奶奶两个月前病逝了，这件事仿佛对她造成了很大的打击。因为我和她爸爸工作比较忙，她从小是由奶奶带大的，和奶奶特别亲近，虽然近几年奶奶没有和我们住在一起，但女儿每个周末都要去看望奶奶。奶奶去世后，女儿显得特别平静，从头到尾都没有当着我们的面流过眼泪，也没有说过什么，可我当时就觉得不太对劲。最近，女儿变得有些“奇怪”，拔眉毛、咬指甲……我隐约觉得这些与奶奶的去世有关，我该怎么做呢？

案例分析

亲人的去世会给家庭成员带来哀伤，尤其是对孩子。很多家长担心让孩子参与后事会影响孩子的学业，就尽量少占用孩子的时间，较晚通知孩子，个别家长甚至干脆当时不通知。如此一来，这些孩子就要在最短的时间内承受丧亲之痛，承受未能与亲人见最后一面的终生遗憾。事后，尽管多数家长会做一些安慰工作，但仍有不少孩子会变得敏感、内向、孤独，不论在学业还是人际交往方面都有一些令人担忧的变化。

不同性格的孩子，对亲人离世的表现不同，性格内向的孩子一般不表露自己的情感，即使有问题也会憋在心里，他们总是想凭借自己的能力去解决问题，这个时候就会在理解方面出现偏差，引发情绪问题，就如这位中学生。作为家长，不要被孩子表面的坚强所迷惑，而忽视他们内心的脆弱，要积极做好孩子的心理疏导工作。

专家建议

让孩子参与完整过程 除非有非常特殊的原因，亲人去世前后应尽量安排孩子在场。如果未能到场，家长也应模拟一个较为完整的和离去亲人告别的仪式，使孩子有机会表达自己的哀思和伤痛。在一些特别的日子祭奠逝者时，尽量让孩子参与。已离世亲人的遗物最好由家长代为保管。

给孩子一个宣泄的机会 有的家长怕孩子伤心，在日常生活中总不愿提及去世的亲人，将思念压在心中，孩子即使很想念亲人，看见大人这样做，也会压抑自己的感情，这是不妥的。家长不妨陪孩子一起谈感受，一起思念亲人，想想美好的事，将这种压抑的情绪宣泄出来，然后从感伤中走出来。如果孩子不愿意与家长沟通，最好是找个孩子信得过的人主动与孩子沟通。情绪不能堵，家长要给孩子一个机会，要允许孩子表达丧失感，让孩子把情绪、情感表达出来，然后再鼓励孩子坚强。

增强孩子的安全感 对于孩子来说，亲人离世打击非常大。一方面，自己亲近的人突然走了，他会感到孤单、无助；另一方面，看到大人伤心痛苦，他内心的恐惧感会增加。大人在发泄自己情绪之后要尽量给孩子更多关爱，让孩子有足够的安全感，让他感觉到，虽然一个亲人去世了，但他得到的爱并没有减少。

如果这些方法都没有起到积极的作用，家长就要考虑带孩子到专业机构做心理咨询或治疗，让孩子早日走出阴影，走近阳光。

案例故事

高中生自卑怎么办？

我表弟读小学、初中时是个非常活跃的孩子，在家里是我们的“开心果”，在学校也积极参加文体活动。后来因为青春期长痘痘，他变得越来越沉默。他的青春痘非常严重，我姨妈带他去很多医院看过，都没有方法彻底治愈。他因此变得内向而且自卑，拒绝参加家族聚会，不好意思与同学交往。最近我发现他开始逃学了。有什么方法可以帮助他解开这个心结吗？

案例分析

因为外貌不够完美或者生理有缺陷而感到自卑，这在青春期的孩子身上并不少见，孩子大多会有某种自惭形秽感。而对于渴望自我肯定的高中生，强烈的自我意识和自尊心会使得他们对自己的生理缺陷或不完美更加关注和敏感。

高中生对“自我”及其特性表现出很大的兴趣，身体的形象在其自我意识中占有很重要的地位，一些人甚至认为这决定着自己在同龄人中的形象和威望。因此，一些身材较矮、较胖或较瘦，皮肤较黑，面貌不佳的同学比较容易产生自卑心理。这种由于身体缺陷而自卑的同学往往更加脆弱和敏感，如果其自卑得不到及时疏导，严重时会发展为心理障碍。

专家建议

自卑，往往是因为缺少自信。对自卑的人，要多关心他，让他感到温暖，最终消除与所有人的隔阂。这位表哥与表弟年龄相差不大，疏导他有天然优势，建议这样做：

利用榜样的力量。自卑心理的产生很大程度上是由于不能客观地评价自我，过度否定自我、夸大他人是自卑的人的常见心态，所以，消除自卑需要正视自己的不足，同时发现自己的长处，不妄自菲薄。在疏导的过程中，可以借助表弟的偶像或者他所熟知的名人的故事来增强他的信心。告诉他，再优秀的人也不可能没有缺点和瑕疵，而他的偶像或者那些名人是如何对待自己的缺点和瑕疵的，那些缺点和瑕疵并没有成为他们人生路上的绊脚石，从而弱化青春痘这个瑕疵在表弟心里的位置。

外表对一个人固然重要，但是人与人熟悉之后，更多的是从整体上来评价。告诉表弟，性格、品格、内涵、能力等等都比外貌重要很多，熟悉的人之间，外貌有没有瑕疵并不重要。如果一直因为青春痘而烦恼，自动放弃了与同学、朋友的交往，那么就不会与陌生人进入熟悉阶段，别人也就没有机会从别的方面了解他。如果表弟对青春痘这个瑕疵心态很坦然的话，那么他的气质和人格魅力就会弥补外表。信心对于一个人是非常重要的，不管有再多的不足，他都不应该对自己失去信心。

案例故事

高中生压力大怎么办?

我的儿子正值高三，面临高考，学业压力可想而知。最近我发现他的紧张情绪已经严重影响了他的学习和生活，他经常失眠，有时候会起夜好几次，头发也掉得很厉害。我关心过他，他说并没有什么心事，但就是入睡困难，常常翻来覆去很久睡不着。睡眠不足影响了他上课，老师也跟我反映他最近上课精神恍惚，常常心不在焉。最近一次的摸底考试，他竟然因为在考场上睡着了而忘记涂答题卡。这样下去可不行，我们该如何帮助他呢?

案例分析

压力是个体基于外界刺激所产生的一种紧张状态，相关研究表明，对于高中学生来说，有学习压力是很普遍的现象。高中生的压力通常与青春期的成长密切相关，压力源主要来自学习、父母、老师和同伴、环境、自我发展、时间六个方面，其中学习压力是高中生的主要压力源。

孩子压力过大、紧张情绪难以排解，父母一定不能坐视不管，否则会导致孩子产生厌学、神经衰弱等不好的结果。但是，在面对孩子因压力过大导致成绩下滑、学习状态差等状况时，父母也不要表现出过度的担心和焦虑，因为父母的惊慌失措只会导致孩子更加恐慌。要知道，失败和错误本来就是生活的一部分，需要勇敢面对。当父母以镇定的心态面对孩子诸多的“不应该”时，这无疑给孩子树立了榜样，也让孩子更有信心面对遇到的困难。

专家建议

首先，父母不要给孩子更多压力，多给一点关心。放假的时候可以带孩子出去游玩，帮助孩子放松心情，释放压力。多倾听孩子说话，不要给孩子定高于其能力的目标。不在孩子面前争吵，给孩子营造一种温馨幸福的感觉，让孩子保持愉快的心情。

其次，父母要多给孩子鼓励，多给孩子正能量，教会孩子学会自我鼓励。每天给孩子一些积极的心理暗示，孩子早上起床可以对着镜子说“我行”“挺好的”“比之前好多了”等等，坚持下来会发现，孩子的心态会更加积极乐观，思维、行动的效率也会提高。

再次，确保孩子的睡眠。

还有，当孩子感到学习压力大又无法自己排解时，父母可以鼓励孩子与老师、同学进行沟通。老师无疑是最了解孩子的学习的人，孩子学习上无法想通的问题，老师可能一目了然。

此外，进行适量的体育锻炼、听愉快的音乐都可以让孩子适当地放松。但父母也要告诉孩子，释放压力要选择正确的方式和场合，失眠时切记不要过度服用安眠药，不要因失眠而压抑，要学会调整。

案例故事

高考冲刺阶段
孩子压力大到不想吃饭怎么办?

我的儿子明年参加高考，现在是最后冲刺阶段，可想而知，学校里的氛围是相当的紧张。儿子住校，听说他每天都是凌晨1点半睡觉，早上6点起床。就这样，他都觉得时间不够用，说自己每天下午吃饭都是冲进食堂，吃两口就回教室继续学习。他的同学也都这么“拼命”。这周回家，他让我给他买一些橘子和苹果带去学校，他晚饭就在教室吃水果以节约时间，还说自己根本不想吃饭，吃饭也吃不出什么味儿。我觉得他可能是压力太大了，怕这样下去他身体会垮，怎么办呢?

案例分析

高中阶段是人生成长的关键时期。十一年苦读，经过小学的基础学习、初中的强化训练，经过不亚于高考的中考升学考试，终于到了高中，接受了知识，也承受了各方面的压力，苦苦熬到了高三。这时，各种考试测试不断，加上繁重、紧张的学习，孩子的压力一再增加，如果压力得不到释放，孩子就容易产生心理问题。如果得不到重视，这些问题很可能就导致孩子在高考时发挥失常，十二年的努力

“付诸东流”。这样的例子，我们见过太多。

作为家长，在孩子面临人生重大转折的时候，我们不但要看重孩子的成绩，更要帮助孩子用健康的心态迎接这个考验。学习要劳逸结合，适当休息。人的大脑注意力高度集中的时间在一个小时左右，如果连续一个小时高度集中，那么一小时零一分时就会出现暂时的溜号现象，这并不会对孩子产生很大影响。但如果时间长了，大脑疲劳周期就会常常干扰孩子，让孩子无法集中注意力学习，所以集中用脑一个小时后最好休息一会儿。要保持良好的心态。高三后期，有些孩子容易为了成绩跟自己较劲儿，成绩一旦好就会为自己制订新的目标；成绩如果下降就会钻牛角尖，自我折磨。其实，孩子的有些认识是不合理、不现实的。成绩好，只能说明这段时间学习方法得当；成绩不好，说明还有许多没有掌握的地方，应该查漏补缺。因为成绩不理想而和自己较劲，孩子容易陷入情绪障碍中。

专家建议

名牌大学，没有一个人不梦寐以求，但名牌大学并不应是每一个高中生唯一的奋斗目标。家长应该引导孩子用清醒的头脑和眼光看待这一切，客观地认识自我，确定适合自己的人生目标，而不是人云亦云。家长应该明白，不能把自己的期望和愿望强加给孩子，经历过高考的人都知道，学习不是一件轻松的事情，是脑力活也是体力活，不是努力就一定能考上好大学的。多给孩子一些理解和安慰，让孩子知道他并不是孤单的一个人，成功了有家人一起分享喜悦，即使失败了还有家人的理解和安慰。

案例故事

孩子临近高考想放弃怎么办?

儿子读高三，临近高考还有不到三个月时间了，他竟然给我们说他不想参加高考了，这急死我们了。他学习成绩不差，高一、高二时经常都是年级前50名，进入高三之后成绩有些下滑，但仍然保持在年级前 100 名之内。但这学期的几次考试，他都滑出了年级前100名，他觉得有些灰心了。儿子学习向来比较自觉，我们从来不会给他太大压力。这次感觉他是思考成熟后才跟我们说的，我们该怎么办呢?

案例分析

临近高考，我们几乎每天都会接触到关于高考学生的案例，他们中有为了逃避高考而选择放弃的孩子，有只要想到高考就会身体不舒服的孩子，这些让家长感到无奈和揪心。就我们观察，这些孩子的背后都有一个焦虑的家长或者一个焦虑的家庭，而且，往往这些家长还不自知。

高三了，老师每天都会说，家长也会在孩子耳边叮咛。虽然老师和家长都是发自内心地爱孩子，但这份爱对孩子来说过于沉重。在这个关键时期，如何去理解和认同孩子，怎样让孩子拥有轻松愉悦的心情面对高考，家长和老师的确应该沉下心去思考。孩子弃考或不想参加考试只是暂时的心态问题，家长不要过分焦虑。

建议家长不要给高考戴“高帽子”，高考就是高考，家长不要刻意给高考贴标签——“高考是人生的第一道门槛”“通过高考就可以改变自己的人生”……不要让孩子为了高考而高考，要让孩子学会享受高考。用一颗坦然的心去面对高考，还有什么值得顾虑呢？家长可以回头想想，其实高考就是一次简单的考试。面对高考，家长不要“表里不一”。很多家长自己很焦虑，无法放松，就怕孩子也紧张，一边在孩子面前讲大道理——“高考不重要，成绩不重要”“保持好心情，一定要放松”；另一边却为了督促、帮助孩子，不遗余力、想方设法为孩子创造“高考氛围”——请假陪伴孩子，费尽心思变换饮食花样，给孩子请家教、报辅导班。孩子在这样的环境中会感觉更压抑。

专家建议

临近高考，家长应用一颗平常心多与孩子交流，多陪伴孩子，给孩子一个合适的、轻松的考前规划，多安排一些运动和活动，让孩子放松。当家长用轻松愉悦的心情来陪伴孩子时，相信孩子同样会很放松。该用怎样的心态去迎接高考，家长要相信自己的孩子，孩子的心中非常清楚。面对想弃考的孩子，家长可以建议孩子“不为结果”地参与一次高考，为十几年的学习画个“句号”，不要忘了告诉孩子“不管结果如何，父母都支持你”。

案例故事

高中生对未来感到迷茫怎么办?

我是高三学生的家长，离高考只有一个月了，家里的氛围越来越紧张，一言不合就吵架、冷战。最近，我们和孩子经常讨论高考志愿选什么专业。我和他爸爸的意见是：选“实在”的专业——只要是就业前景好、工资待遇高的专业就行，人总要挣钱、生活嘛。孩子则比较迷茫，根本不知道自己想学什么、从事什么行业，总觉得“学什么都行”，但是我们给他的建议他又不愿意采纳。每次谈到这个话题，我们和孩子就不欢而散，没有结论。像我儿子这种情况，怎么引导他选择适合的专业呢?

案例分析

现在的孩子普遍比较迷茫。“90后”“00后”孩子很幸福，从小衣食无忧，要什么都能得到，或者说，自己都还没想到的东西，父母就已经送到了面前，所以，很多孩子“无欲无求”。

小学阶段，父母鼓励孩子发展兴趣爱好，一旦进入中学，兴趣爱好就得为文化课让道，最后就只剩下了分数这一个“爱好”，久而久之孩子就不知道自己到底喜欢什么了。

首先，父母要改变观念。虎啸深山，鱼翔浅底，每个人都有属于自己的一片天空。

其次，选专业，不能那么“实在”。孩子学什么专业最好？其实没有最好的专业，只有适合孩子的专业。兴趣和天赋能让人发挥巨大的潜能，而从事与个性不符的工作则让个人、行业双输。

专家建议

在孩子兴趣不明确的情况下，专业可以这样选：

排除法　家长可以先了解孩子不愿意读或者不接受的专业，告诉孩子这些专业的学科内容、发展趋势，让孩子客观看待这些专业，再做定夺。

体验法　为孩子创造机会，去考察或者体验一些职业，这样可以帮助孩子更加直观地认识到某些职业的工作内容，也可以为选择专业方向提供一些参考。

缓兵法　如果孩子没有特别排斥的专业，也没有时间去体验不同的工作内容，那么可以填报那种入校学习一年或者两年之后再选择专业的学校。孩子在就读期间对某些专业有了一定的了解，也许可以做出适合自己的选择。

如果家长实在不知应如何引导孩子，不如选择专业机构。现在有很多机构都可以帮助孩子选择专业、填报志愿。它们会用科学的分析方法让孩子知道最适合自己的学科。但是，目前这个市场还处于萌芽状态，所以家长一定要先考察好机构或老师的专业度之后再选择。

案例故事

高考前如何帮孩子做心理疏导?

孩子马上就要高考了，不要说孩子了，就连我也越来越紧张。我一会儿想，如果孩子没考好怎么办，预想了种种结果和对策；一会儿又告诫自己不要胡思乱想，顺其自然。孩子也是，本来话就不多，这些天越来越沉默，心理压力肯定不小。我很想和她聊聊，帮她疏导一下，但一来是她时间紧，想让她多休息；二来怕我说得不对，引起她的反感。这个时候，大幅提高成绩已不可能，我只想让她轻松上阵，该如何引导呢?

案例分析

高考日益临近，孩子没有压力是不可能的。压力是把双刃剑，适度的紧张有利于孩子的考场发挥。其实，高考前最后一个月孩子精神高度紧张。也正是这个月，孩子在学习调整自己的紧张情绪，每一次模拟考试都起到了练习的作用，对正式考试时的顺利发挥起着不可或缺的作用。

专家建议

如果孩子的紧张情绪已经影响到正常的生活和学习，应该及时咨询家庭教育的专业指导师、心理师等，进行专业疏导。

在最后这段时间内，家长如果有能力帮孩子做好心理疏导很好；如果没有能力，起码要做到“不添乱”，不给孩子加压。

有些话最好不说。很多家长认为说一些鼓励的话，或者用所谓激将法可以勉励孩子。其实很多时候恰恰相反，多余的鼓励反而会增加孩子的心理负担，可能会影响孩子考试时的心境，造成没必要的紧张。家长最好不要说“大不了我们复读”“考不上也没事”这样的话，给孩子潜意识里造成“我考不上好大学”“我只能复读”的负面影响；更不能说“如果你考不上对不起我们”“咱们学习本来就不如别人，考不上好大学也正常”这些话。有些家长以为这是在激励孩子，实际上孩子会觉得家长不信任自己，反而丧失斗志。其实，对摆正心态面对高考的孩子，一般不需要家长说太多。

无条件相信自己的孩子一定行。家长有时不说，但心情就挂在脸上，孩子看得到，也理解得到。所以，给孩子打气，家长首先要给自己减压。记住，孩子永远都是自家的好！不要整天盯着别人家孩子，更不要拿别人的孩子与自己的孩子对比，从心底相信自己的孩子做得到。

不要过多干涉孩子的学习。许多家长为了表示自己的关心，会给孩子一些学习上的安排。其实，学校、老师和孩子对复习都有一个详细的计划安排。家长之前没有参与的，这个时候最好不要干涉，做好后勤服务就好。

先不要和孩子谈论志愿填报的问题。家长可以默默地做一些这方面的“功课”，自己心里有数就行。这个节骨眼，以稳定孩子的情绪为主，优先保证高考。况且分数还没出来，一切都是不确定的。

对于孩子来说，来自学校、老师、亲戚朋友、社会和自身的压力已经够大了，为孩子的压力做减法才是家长的明智之举。给孩子一个宽松的环境，让孩子带着平常心和自信心上考场。

案例故事

孩子高考后情绪低落如何调整？

我是一名高考生的妈妈，我的女儿刚刚参加了今年的高考。考试前，她就有点焦虑。第一天考完后，她觉得没有发挥好，当天晚上有点失眠。两天的考试结束后，她并没有放松下来，反而更加郁闷。一连几天她都把自己关在房间里，不出去与同学见面，总说自己哪道题本来可以做对的，哪门考试本来可以考得更好之类的。她吃饭也没有胃口，整个人精神状态很差。作为家长，我是看在眼里疼在心里，有什么好方法可以帮她疏导一下吗？

案例分析

高考结束后，曾经被试卷和各种复习资料紧密排满的日子发生了改变，学生大脑中紧绷的弦瞬间放松，“考后综合征”就会出现。“考后综合征”一般指大考如中考、高考等之后，一些学生因考试情况等原因出现过度紧张、焦虑、烦躁等反应。学生出现“考后综合征”已成为一种普遍现象。根据以往学生考后的心理状态，“考后综合征”有考后抑郁、考后自闭、过度玩乐等三种具体表征。

考后抑郁是指学生考后陷入对成绩的担忧，担心不能进入理想的院校，表现出焦虑症状，如紧张、烦躁、易怒、失眠、坐立不安，甚至会沮丧、萎靡。考后自闭则表现为学生整天将自己关在房间里，有些人是认为考得不好“没脸见人”，也有一部分人是对所有东西提不起兴趣，长时间独处后，不知不觉产生自闭。过度玩乐则因考后过度放松，看电影，打游戏，上网聊天，一玩就是一通宵，有些学生甚至养成了日夜颠倒的不良作息习惯。

专家建议

孩子在高考过后的这种突发性的心理冲突和生理紊乱现象，需要家人给予呵护和关爱。家长应该积极引导，多与孩子进行正面的沟通，使孩子尽快摆脱“考后综合征”，保持良好的心理状态：高考已经结束，成绩是文化水平、心理素质、临场发挥等因素的综合结果，不管结果如何，都要接受这一现实；不要怕别人说，要主动和别人沟通，把自己负面的情绪表达出来，适度的自我内心暴露是宣泄负面情绪的好方法。

可让孩子做做心理测评。孩子等待成绩的时候，正是了解大学专业和填报志愿的重要时候。建议孩子此时做做心理测评，了解自己在个性、智力等方面的优势和爱好兴趣，为报考专业、选择城市建立参考。

建议家长、亲戚或朋友尽量避免在孩子面前问“考得怎么样？能考多少分？”之类的话，避免再次放大“高考很重要，问题很严重”的信号。可以通过参与亲子活动、携友游玩、学习技能、体验工作等来充实孩子的生活，以事情来“挤占”他们“胡思乱想”的时间和空间，转移他们的注意力。